U0001021

你，是自己的鑰匙

靈媒媽媽的心靈解答書

Ruowen Huang
著

前言

靈媒媽媽的心靈解答

小時候，你們總愛問我什麼是靈媒？為什麼我們看得到別人看不到的？為什麼我們聽得到別人聽不到的？當別人笑我們跟樹說話時，我教你們要用心去聆聽樹想要跟你們說的話。當別人覺得我們怪力亂神之際，我要你們不要去理會他人的批判，好好地用心去感受這個世界。

我的童年沒有人可以教導我如何適應我身處的靈異世界，所以凡事我都得學會自己摸索。我不希望你們把大部分的時間花費在摸索之上，而是希望你們可以將時間應用在生活體驗之上，所以我希望能透過自己的文字、言語、直播來帶領你們認識你們身處的這個奇幻世界。當有一天，你身旁的人或是你的孩子問起時，或許你也可以排除「我不知道」的制式回答，帶領著他們一起探索這個世界。

以下文章的篇數完全對應 YouTube 直播集數喔，歡迎觀看

目錄

1

什麼是靈媒（Psychic）？

譯者：Winnie Chan

靈媒（Psychic）在我的觀念中不是個讀心者（Mind Reader）。雖然有些讀心者也是靈媒，但靈媒卻不一定是讀心者。

有時候，靈媒也許可以感覺到你的動機，然後根據他對你的了解或感知，他或許有能力去預測你接下來的行為。（題外話：人的一切行為皆始源於一個動機，我將在後面的文章解釋這個概念。）當他們的表述接近你的想法時，他們看起來就會像個讀心者。不過，通常靈媒所接收到的是你的動機，然後再透過我們個人記憶裡最接近的註解來詮釋。也就是說，根據每個靈媒的經驗跟背景，他們對同一個景象可能會做出不同的解釋。總而言之，我可以很肯定地說：「不是所有的靈媒都是讀心者。」因為讀心是另一種特殊的能力。

靈媒是一個人有能力感覺（大部分的時候其實都是用感覺的）、看到或聽到普通人的感官感覺不到而且無法理解的東西。

這種能力通常是在一個人的小時候被啟發，特別是在他對這世界的看法還沒成形時。也就是說：每個人生來都跟靈媒一樣，有與宇宙連結的能力。如果周遭的人沒有拒絕接受或壓抑他們的這種能力，那麼這種能力就可能會隨著那個人一起成長。也就是說，如果一個靈媒帶著強烈的宗教信仰成長，那他的靈媒能力可能會因為受到該宗教的影響而有所改變。

既然靈媒只是指一個有能力可以看到／感覺到大部分人無法看到也感覺不到的東西的人的統稱，那麼每個靈媒的能力自然也各有不同。

有些靈媒只能看到鬼，有些能看到前世跟未來，而有些則能看到精靈。想像這些能力像不同的廣播頻道，靈媒這個統稱指的就很像一台收音機，有些靈媒可能只能接收到一兩個頻道，而有些靈媒因為他們的振頻而可以接收很多個頻道。

總而言之，靈媒跟其他人沒有什麼不同，他們的生活也跟普通人一樣沒有什麼差異。一個有修養的靈媒是不會主動洩露你不需要知道的資訊，他們也不會單純只為了好玩而查看你的資料。人類生下來就帶有這種能跟宇宙溝通的靈媒能力，只要我們選擇保有這種能力，或者是我們在輪迴成長的過程裡有這個需要，那麼任何人都可以是靈媒。

2

靈媒（Psychic）與通靈（Medium）的差別？

譯者：Peng Wen Lin

在我諮詢的生涯裡，很容易因為介紹我是個靈媒，就被人家斷定我會讀心術，或者我可以通靈。在大眾認知裡，「讀心術」和「通靈」是聽起來大同小異的名詞，然而在我的世界裡卻是完全不一樣的事。如上一篇所說，靈媒，單純是一個人可以感覺得到五官以外感受不到的存在，而通靈對我來說則是一種技能，就如同讀心一樣。至於靈媒們有沒有這樣的技能，則是因人而異。

坊間所說的「通靈」在我的認知裡面像是英文的"Medium"。Medium可以被翻譯成「媒介」。對我來說，媒介就好比是一種物質，它可以被收藏、囤積、轉換或是將能量從A點轉移到B點。大自然中有許多媒介，像水、石頭和木頭（植物也是其中之一）等等，全都是可以收集、囤積、轉換能量的存在。

舉例來說，如果你對某個人帶有強烈的情感，當你倒杯水給那個人喝時，你的情感就會間接地影響到那杯水的本質，進而影響到飲用者。同樣的道理，如果你每天喝水時都相信手中的那杯水對自己有益，那麼那杯水的質量也會透過你的影響而轉變為對你有益處的水。

當我用「通靈」來形容靈媒，代表他能做到我上述所說（可以收藏、囤積、轉換能量或是將能量從A點轉移到B點）。也許某個人無法看到其它空間裡的事物，但可以透過直覺來操縱能量（像是靈性治療師），我也會說他們是通靈者。

所以，通靈者大部分都是靈媒（依他們感受事物的能力而定），但是靈媒不一定是通靈者。說得更淺顯一些，把鬼想像成日本人，把人想成美國人，當靈媒沒有興趣居中替兩者溝通時，就不算是通靈者。

3

靈媒有第三隻眼嗎？什麼是第三隻眼？（Third Eye）

譯者：Peng Wen Lin

每一個你最害怕的挑戰背後，都隱藏著你生命中想要的成功。

不幸的是，人生並不容易。「沒有付出，就沒有收穫」不只是一句諺語，而是我們靈魂深處都了解的道理。那也是為什麼我們在人生中規畫功課和挑戰，希望最後可以藉由這些功課與挑戰而學到一些東西。然而醜陋的事實是，沒有人是從幸福中得到學習的。只不過因為每個人內心對幸福的渴望促使我們勇敢地對抗自己的恐懼，也因此可以換來苦盡甘來的值得。所以每一樣我們想要的成功與收穫，都需要我們去克服某個自己最害怕的挑戰（恐懼）來獲得。

在接下來的文章中，我會就單一名詞做解釋，而不會廣泛地詮釋與分析。單純就我個人的認知來對所有的名詞做註解，而不代表任何人的言論，也絕非宇宙的真理。希望未來在解釋了大部分我慣用的名詞之後，可以幫助各位更加地了解我未來想要討論的話題。

現在讓我們來討論靈媒有第三隻眼嗎？什麼是第三隻眼？人們可以培養這樣的能力嗎？

如果你對第三隻眼的刻板印象是——一個位於額頭中央的眼睛。那我的答案是「沒有」。

第三隻眼在我的定義中，是一隻可以讓你看到無形事物的眼睛。只不過那隻「眼睛」不是眼睛的形狀，也沒有所謂的形體，看到的也不是既定印象中的視覺影像，而比較像是一種烙印在心頭的模形感受。我想我會稱它為心靈之眼。

一直以來，人類只被要求用心去感受（大部分僅止於情緒），而沒有意識到我們的心也有能力去聽、看、感覺，有時甚至是碰觸。透過我的學習經驗，我發現我們的心也有自己的感官：你的心聽得見別人在想你的名字，有時候在他們甚至還沒拿起話筒撥電話給你的時候，你就已經知道他們會打來；你的心也看得見你夢想的家，在你還沒有踏進那個屋子之前；你的心可以在事情發生以前就已經先有所察覺，而有些人則稱它為本能的反應。有時你甚至會在深入地認識一個人之前，就已經可以感受到他身上那股不好的能量。我前面所敘述的這些，就是我所說的「心的感官」，這些感覺都可以決定你的身體是否要與你的心做出同樣的反應。

心靈之眼（我所認謂第三隻眼的定義）有時會讓你看見你所感覺到的，或是讓你的感官敏銳到就好像親眼見到的一樣。也就是說，雖然你無法透過你的眼睛看到，但是你卻有能力描述那些存在事物的細節（就像一個盲人「看」東西一樣，雖然他沒辦法真正的「看見」你，但他卻完全知道你長什麼樣子）。對我來說，我雖然同時擁有這兩種能力（用眼睛看見，與用心靈看見），但我卻可以很有自信地跟大家說，「用心靈之眼來感受事物的形體」真的比「親眼看見」要來得好太多了（因為大部分的好兄弟們真的都有點慘不忍睹啊。）不過說真的，當你可以透過心的感官來感受事物形體的時候，那麼你的視野將不會受限於時空喔。

所以，靈媒有第三隻眼嗎？如同前面說的，他們要不是有能力運用眼睛來看見他們的心所感受到的，就是用心靈之眼去體驗，進而在腦海裡形成影像。

但如果說第三隻眼是指你額頭上有一隻眼睛，答案是「沒有」。大部分的信仰會將第三隻眼形容成在額頭中間的眼睛，是因為你的靈魂大部分的時候會待在那裡（額頭中心往內約莫四寸的地方）。所以大部分的宗教將眼睛畫在那裡，只不過是個象徵。因為那既然是你的靈魂所在之處，那麼在你看待所有的事物以前，至少都得要先找到自己靈魂的中心點，才有辦法看清事實的真相。

如同我之前說過的，每個人與生俱來就擁有靈媒的能力。你當然可以發展這樣的能力，其過程就像是透過走路和跑步逐漸地訓練你的肌肉一樣。只不過在你能夠「看見」之前，你必須先找到自己的中心點並學著與宇宙連結。而我所謂找到自己的中心點，意思是找到最核心的你，也就是那個不需要金錢或是靈魂伴侶，只要活著就能感到快樂的你。你越能與自我連結，你越可以不用真正的眼睛去看見那些存在身旁周遭的事物喔！：）

4

靈魂（Soul）是什麼？

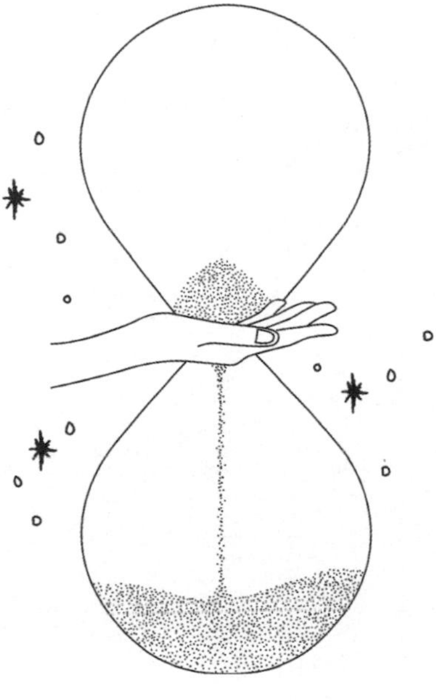

譯者：Peng Wen Lin

心理上的小提醒：當你試著克服自己的恐懼時，請記得不要一次給自己太多功課。讓它越簡單越好，一次一小步，不然會讓自己因為負荷太多壓力，導致最後被恐懼説服而放棄喔。

什麼是靈魂呢？在我的定義中，靈魂是一種不受時間和空間限制的意識存在。它不會被侷限在形體內，而比較像是一種光能量的存在。有時我們可以感受到靈魂的存在遠大於我們實際擁有的形體，因此靈魂也被稱為「大我」。

讓我說得更清楚一些（也可能只會讓人感到更困惑XD），用燈泡來比喻好了。想像你的身體是燈泡殼，各自擁有不同的尺寸、形狀和功能，而靈魂就像是光源。沒了靈魂的身體就不能叫做「人」，就像不會發亮的燈泡不能稱為「燈」。

現在再想像你正在為特定的房間找尋一顆最合適的燈泡。當靈魂成為人之前，他會尋找這輩子的目標（因為靈魂有進化的天性）。在這個假設情況下，那個「我要成為一個什麼樣的燈泡來點亮這個房間」便成了你的人生目標。接下來，靈魂便會針對自己所設定的「目標」，去找尋以及設計最完美的身體與平台以幫助自己達成這個目標，也透過朝這個目標前進、學習與摸索的過程中，我們因而得到進化。

不管靈魂選擇什麼樣的目標或身體，對我來說都沒有好壞與高低之別，他們的存在都有其原因與必要性，就像是不同燈泡都有不同用途一樣重要。除此之外，我們也會特別設計自己的身體，來吸引那個特定的命中註定喔！

所以如果你對靈魂的存在有個大概的認識，也就是靈魂其實是無法被一個形體所困住（就像一個燈泡無法將光源全都包覆在燈泡裡），他可以用一種超越形體的方式存在，並隨著人們了解自我價值的程度而增加光源，那麼你可能就可以理解，一個靈魂其實可以透過他們的意識能量，在自己的射線範圍內決定想要移動的地方。每一樣活體都有其靈魂的射線（也就是燈泡的光源可以觸及的範圍——我稱之為射線範圍），當他和其他的靈魂射線範圍內互相交錯的時候，各自會創造出不同的反應。透過射線交錯所產生的感覺，人們藉此來決定喜不喜歡與自己互動的對象。而在靈魂射線裡所製造出來的那種感覺，人們則大多稱之為「能量」。舉例來說，人們置身在暖光裡與藍光裡會有不一樣的感覺，而那個「感覺」則是多數人用來形容的「能量」（當然還有其它不同種類的能量，那將是另一個主題）。依照每個人對於暖光與藍光的感覺不同，自然而然地會依照自己的感覺分辨出所謂「好的能量」與「不好的能量」。

總之，當我越是了解我們所存在的這個世界，無論是有形或無形的，我漸漸發現「靈魂」將是我未來會與大家討論的許多話題裡的基礎。

至於現在，試著想一想我剛剛說的，你們就會發現每一個獨立的個體，其實都遠比你們為自己假設的更有力量、更有能力、更特別而且更有智慧。

鬼（Ghost）是什麼？

譯者：Peng Wen Lin

如大家所知，鬼指的是「死去的人」。但是對我來說，「鬼」就只是一個沒有實際形體、帶著生前的認知而且依然存在於人類的次元裡的靈魂。舉例來說，如果我死了之後還依照我的思想、行為、生活習慣以及自以為還是Ruowen的身分活動在人類的空間裡的話，那麼我就可以被稱作「鬼」。所以在我的觀念裡，除了人可以成為鬼，任何動物以及其他帶有生命的東西都有可能變成鬼。而且在我認知世界裡的「鬼」分為兩種，一種是因為自然因素或意外死亡的鬼，而另一種則是透過自殺死亡而成為的鬼。我將會在下一篇文章解釋這兩者的區別。

除了上述的兩者之外，其實還有另外一種鬼（嗯……其實他們在我的觀念裡並不算是鬼。因為他們並沒有自己的意識，主要是藉由人的思想轉換成像人的形體。這個觀念我以後會解釋。）這些鬼的行為是透過你的信念來反射。他們不只外形看起來像鬼，就連行為也像鬼。有時候他們甚至會跟你說話，只不過他們的真實存在比較像是你的想法的反射，並不是真正的鬼。

如同我之前提過的，靈魂有自然演化的本性。他們時時刻刻都在找尋可以讓自己進化的機會，有時候甚至會選擇最困難的功課與輪迴來讓自己進步。基於這樣的原理，靈魂通常不會在人類存在的空間漫無目地地遊蕩。正常的情況來說，一般的鬼魂會在死亡後的七十二小時以內放棄自己死前的身分回歸源頭（或者說進入白光）。如果在這段時間之後他們還繼續在人類的次元裡遊蕩，大部分是因為他們在死前還有學不會放手的人、事、物。但大致來說，所謂的進化都只是遲早的事罷了。

我知道好萊塢的電影給大家很多「鬼」的刻板印象。除了鬼魂的神出鬼沒之外，電影裡的鬼常常有能力傷害人更甚至殺人。但如果你真的了解，鬼只不過是一個沒有身體的靈魂的話，那麼你就會知道，坊間有很多對於鬼的刻板印象其實是完全沒有道理的。不管你願不願意相信，你我總有一天都會變成人們口中的「鬼」。因為我們都會有老死的一天，進而與現有的身體脫節而成為「鬼」的存在。

如果你相信所有的鬼都是邪惡的，而且總是想要到處傷害人的話。那這是不是也代表你相信自己死了以後會成為一個到處害他人的存在呢？此刻我相信你的答案鐵定會跟我一樣——不會。（當然，很可能也有例外的時候XD）

請容我再說一次：「鬼」是一個行為與思想依然與生前相同的靈魂。所以如果你自認為是個自重自愛的人，那麼你死後自然而然地會變成一個自重自愛的鬼。現在請你花一些時間看看自己周遭的世界……你真的相信每個你認識與你愛的人死後都會變成嗜血如命的「殺人鬼」嗎？

如同先前所說，鬼大概要花七十二小時才能進化成靈魂。在這段時間內，他們可能會感到有點迷失、困惑和害怕。那種感覺就好像你隻身到異國旅行，所到之地的人們說著你不能理解的語言，你不知道要去哪裡，甚至是做些什麼。再想像一下那個地方的每個人看你的眼神彷彿你是世界上最可怕的東西，不但用嫌惡的眼神、手勢想把你趕走，甚至像是對待女巫似地燒香唸經，只希望你不要靠近他們。這樣的感覺很差不是嗎？然而，這卻是我們對待鬼的方式。

我想跟大家說的是，設身處地想像一下，如果那些鬼全都是你曾經關心而且在乎的人呢？你希望他們被這樣對待嗎？被視為邪惡和恐懼的象徵？鬼在生前也曾經是某個人珍惜的對象，現在的他們只是迷失在這個灰色次元中，在進化到下一階段前還不知道怎麼做罷了。

所以與其聽到「鬼」就感到恐懼或是一心一意地想要完全驅離他們，何不單純給予他們一些祝福？就像是你會對摯愛的人離世時所做的事一樣，給一些寬容的言語吧！像是「我不知道我們為何相遇，但我希望你能很快找到你的出路」。畢竟我相信那會是有一天我們變成鬼以後，希望被對待的方式吧，不是嗎？

6

關於自殺的靈魂

譯者：Peng Wen Lin

人們之所以害怕未知，是因為從小就被教育要活在「安全」中（所謂的「安全」指的是活在我們知道以及習慣的事物當中）。所以當身旁有未知且無法控制的事物出現時，我們自然會感到恐懼。以前我也是這樣活在舒適圈當中，直到我開始學著了解那些未知以及讓我曾經害怕的事物，我才慢慢地學會克服自己的恐懼。但是這個過程還是花費了很長的一段時間。重點是：不管你害怕的事物是什麼，克服恐懼最好的方式不是逃避，而是去面對、了解它。因為你對那一件事的理解愈多，它就愈能夠成為你克服「未知的恐懼」的關鍵。

如同我之前提到的，對我來說，鬼魂分為兩種。一種是因為自然因素或是意外事件而死亡的鬼，而另一種則是自殺而死亡的鬼。鬼是沒有實質身體，而且還保有生前認知的靈魂。由於靈魂自然進化的法則，通常人死後以鬼的身分存在的時間約莫七十二小時左右。接著他們就會進入到白光後而進化成為靈魂。也就是說，鬼幾乎不可能永遠停留在我們的次元。但是對於自殺而死亡的鬼來說，他們與一般自然死亡的鬼則有一些不同。

自殺並非衝動之舉。雖然這樣的結果常讓周遭的人感到措手不及，但是會選擇自殺的人通常都是經歷一段時間的醞釀才演變出自殺的結果。選擇自殺的人通常會在心中塑造一個情境，而置身在這個情境裡所產生的情緒，會強烈到讓他們無法聽見周遭的建議，進而逐漸將自己孤立起來。他們在死前所塑造的這個虛擬情境，會成為一種強力的絕緣體，將他們完全地與現實隔離開來，形成一個如同泡沫空間般的存在。在這個空間裡，時間與空間是完全沒有意義的。

自殺的靈魂死後會自然而然地被侷限在這個如同囚室般的虛擬空間裡，裡頭會不斷重複播放著那些生前讓他們痛苦而選擇自殺的情境，逼迫已死的鬼魂們再次做出決定。如果鬼魂最後還是選擇自殺，那麼那個相同的情境就會在他們選擇自殺之後再次重頭播放（雖然我們都清楚地知道已經死亡的鬼是無法再死一次的）。在這個階段，沒有任何靈媒可以幫助這些鬼魂，因為他們無法聽到房間外的聲音，就像他們自殺前無法聽、看見周遭想給予的幫助是一樣的道理。

直到鬼魂做出其它的選擇，了解自殺並不是他們生前唯一的選項時，那個虛擬空間才會在他們理解的當下開始瓦解。緊接著，那些自殺的鬼魂就會演變成「普通」的鬼。在這個階段，他們可能會回顧生前的事件，以比較不一樣的眼光來看到事情的真相。他們可能發現生前一直認為的那些虐待自己的人們，也許根本沒有虐待自己的動機或是行為。接著他們就會在高靈的引導之下，看見在自己自殺前的真相。壞消息是，這個讓他們決定自殺而提前離世的考驗，在他們下一輩子投胎後很可能又成為自己的課題。因為一個未完成的課題會一直存在於靈魂的平台中，直到他們在某輩子裡學會克服它。

如果你了解靈魂如何運作，你就不會把自殺當作一個選項。一個未完成的功課永遠都會是你的下一個考驗，不論今生或來世。我知道這個觀念有點難被消化，而且有時候自殺好像比其它選項都容易許多。但事實是，你已經走了那麼遠的路又活了這麼長的歲數，更不用提已經承受了那麼多的痛苦，與其要重新再次體會這段相同經歷，倒不如允許自己想出一些解決辦法來面對現下的難題。好消息是我們並非毫無準備的來到世界上，如果意識到自己腦子裡有自殺的念頭產生，但當下你願意強迫自己跳出現有處境，你應該會發現周遭有很多援手才對。因為那就是我們靈魂設定的模式。一般我們不會讓自己處在一種完全孤立無援的情境下，而是會在每個地方都安排援助。因為唯有這樣，我們才不會在輪迴進化的過程中迷路。只是有時我們會過於執著自己的想法，忘了拋開自尊（或者說是固執）去求救。或者應該說，我們會忘記去聆聽別人的聲音。

如果你現在正面對有自殺傾向的人，與其給他們如何好好活著的建議（相信我，他們很可能在你開口前就知道你要說什麼），倒不如花點時間陪陪他們。有時他們只是需要知道有人會在「那裡」陪伴他們，而不是需要你為他們做些什麼。對那些想自殺的人來說，陪伴的感覺是很撫慰人心的，當這種感覺進駐到他們心中，可以幫助他們瓦解那道厚厚的城牆，甚至開始聽見周遭的聲音喔。

7

輪迴
（Reincarnation）

譯者：Peng Wen Lin

如同我先前提過的，靈媒的生長背景、教育環境和宗教信仰對於一個靈媒的能力有非常重大的影響。

對我來說，做為一個亞洲人（這邊特別指土生土長的亞洲人），我們的成長環境總是不斷地為我們灌輸輪迴的存在。也正因為這個字眼太常出現在日常對話中，導致我們甚至不會發現這個觀念對我們來說是多麼地理所當然，儼然成為了不需要任何人跟我們解釋，也不需要特意去理解的觀念。

舉例來說，我常常被告誡如果繼續浪費食物，下輩子我將會變成一隻豬（因為在我的成長年代，豬只吃人們剩下的食物）。我也常常被告誡，如果我做壞事，下輩子這樣的壞事就會發生在我的身上，像是如果我對人無禮，下輩子我就會遭到無禮的對待。現在想想，這樣的說法真的有點好笑。因為對一個還沒有機會去理解「輪迴」的小孩子來說，我竟然就已經要開始擔心下輩子會遭受到什麼樣的報應？！這些童年耳熟能詳的句子可能聽起來很瘋狂，但潛移默化之間也給了我們一種「靈魂永遠不會死亡」的觀念。（特別是讓我總是要為自己的所作所為而擔憂下一輩子的狀況。）在亞洲的許多的宗教裡都有著輪迴的概念，事實上有很多的教義也都是由輪迴的觀念延伸而來的。

可是，當我還是小孩子的時候，我常常因為佛教對於輪迴的定義而感到困惑。例如：這輩子的「我」是上輩子的結果。也因為我這輩子的行為而延伸出我的下輩子若不是變成動物（大部分這樣的結果是為了懲罰我這輩子所做的壞事），就是再次輪迴成為人類（為了給我第二次機會還債）。這很可能也是為什麼亞洲人總是一天到晚在祈禱。他們藉由誦經迴向來祈求減少自己的罪孽（這個罪惡大部分是從上輩子來的），並且無所不用其極地透過種種「善行」來償還業障，希望可以藉此得到更美好的下一輩子。雖說如此，我在舊有的環境教育中也曾經對這樣的信念深信不疑，直到我開始去思考「為什麼」之後而慢慢地有所轉變。

對現在的我來說，輪迴比較像是一個平台。當靈魂重新進入到「輪迴」這個平台，就如同是得到一個可以讓靈魂變得更好的機會（不論你選擇的平台是什麼）。也因為透過許多年的觀察、案例研究以及我個人的經驗，我同時發現所謂的「輪迴」其實並不侷限於人類或動物的形體，也不受限在地球這個行星之上。輪迴的形態與樣貌會因你選擇的課題不同而異，所以在輪迴的過程裡面，你很可能會成為動植物、天使、高靈更甚至是其它星球上的萬物（我曾看過直到今天還是無法解釋的場景與存在）。如同我之前不斷提到的，靈魂有自然進化的天性。每一個輪迴的延續，為的是讓我們的靈魂可以更強壯、更有智慧和力量，進而成為我們所相信的那個「更好的自己」。建立在每一個靈魂的獨立個體性，那個「更好的自己」的標準自然也會因人而異。由於每一個人的學習速度不同，所以對於任何事物的理解能力、自身所要學的功課以及未來想要達到的目標自然也會不一樣。

當然，很多人會問我，靈魂透過輪迴到底想達到什麼境界？目前的我只能用我現有的知識去解釋：靈魂想要達到的最終境界叫做「一」。

「一」在這裡的定義並不是一個地方或是一個角色。它比較像是一種存在的方式。這個「一」可以是個體的「一」，也可以是群體的「一」；可以是狹隘的「一」，也可以是廣義的「一」。也就是說，對於一個靈魂來說，無論有沒有實質的身體，和自身、和宇宙，不管在何種層面上都能夠有緊密的連結。在這樣的狀況下，靈魂的潛能會完全被激發。你將可以感受到一個人單獨存在時的力量，也可以同時感受到群體的力量。你可以清楚地知道自己的所長，也明白自己在宇宙群體中扮演的重要角色。你是誰，抑或是你不是誰都不會與這個宇宙有任何的衝突。因為你會清楚地了解每個存在都各自在宇宙裡扮演著重要的角色。你會非常清楚自己的價值，也了解如何在自己所屬的位置上貢獻一己之力。你會做你所愛而且必須要做的事，從各個角度去肯定自己和他人的存在。你將會了解每件事情的發生都有它的原因，而這樣的認知會使你自然而然地去尊重每個人事物的存在。

所以如果你了解輪迴的目的，自然就不會害怕死亡，而是明白死亡是成長的歷程，並且將「輪迴」視為一個讓自己學習和進化的平台。如果現在這個形體是你所選擇的，那麼你希望透過這個身體從這輩子和這樣的處境裡學到些什麼？所以當你在生活中遭遇困難，先學著將自己抽離那樣的處境，以第三者的身分去想一想「在這樣的情境底下，一個靈魂究竟想要從中學到些什麼？」我可以保證那個答案往往與他人，更甚至是你所處的世界無關，而是一種更深層、更內心，來自靈魂深處的設定。

8

什麼是因果報應（Karma）？

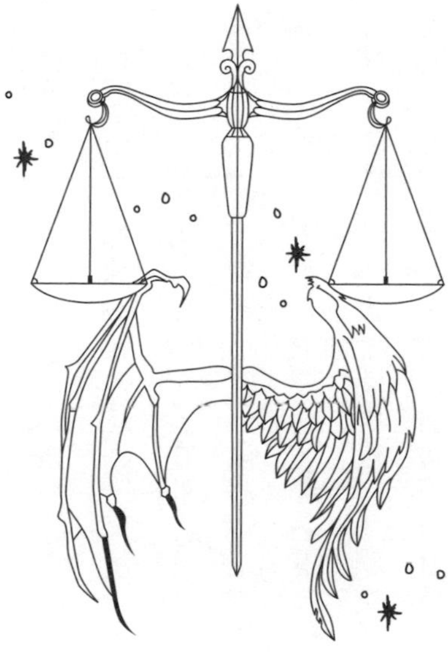

譯者：Winnie Chan

「因果報應」對小時候的我來說，是一種「一個人給了什麼就會回收什麼」的概念。

小時候的我總是被教導因果報應是根據一個人的作為而產生的。我周遭的人普遍認為，人一生下來就帶了很多的因果業障（譯注：通常是不好的業障，以下提到不好的因果報應時，將用業障一詞代替），所以他們透過禱告、念經迴向希望能彌補前世的因果債，也希望藉此抵銷來世的業障。除此之外，他們還有一種認知，就是相信今生所遭遇的痛苦完全是前世作為的結果。舉個例子來說吧，當丈夫虐待妻子，妻子就會認為那是因為上輩子她錯待了她的丈夫，所以這輩子才會換她被虐待。這種「還債」的想法會讓她受虐的心裡好過一點，因而甘願繼續承受丈夫所給予的暴力。（老實說，我一直到今天還是無法了解這種想法。因為我相信一個靈魂之所以輪迴，是為了想要透過生活的體驗而學習到靈魂的成長，並不單單只為了來償還因果債。）

當我知道周遭有些人還抱著還債的想法在生活，並且仍無時不刻地擔心著來世的因果報應時，總會讓我質疑人們生存的「此時此刻」又算什麼呢？只不過令人驚訝的是，即便我一直覺得這樣的觀念僅有可能在亞洲才會發生，但在北美生活了這麼久以後，我發現對於沒有因果報應以及輪迴觀念的西方世界也是如此。人們似乎總是活在過去的恐懼以及擔心未來的狀況之下，無法活在當下。除此之外，我對「因果報應」所產生的最大疑問就是：我們究竟要如何知道自己怎麼樣才算是把債務還完了？又怎麼知道我們這輩子所償還的是不是過多或過少，以致於下輩子又要陷入相同的因果循環裡？（感謝我內心那個充滿好奇的小孩，總是讓我有數不盡的問題以推動我不斷地去尋找真相。）

亞洲人普遍認為因果報應就是償還前世債務的結果。但是經過我多年的觀察以及處理個案的心得，我發現所謂的「因果報應」其實不是一種對過去所做的懲罰，而是一種維持萬物平衡的宇宙力量。

為了了解因果報應是如何運作的，我們必須先了解靈魂是怎麼運作的。對靈魂而言，萬物的存在都有它的道理與意義。在靈魂境界底下並沒有所謂的是非對錯、高下好壞等差別概念，這些差別概念全是人類為了方便自己理解而創造出來的文字。

我其實很認同佛家的說法，也就是所謂的「因果報應」是因為我們所給予出去，因而回收回來的果。只不過這個因跟果並不是根據我們的行為，而是根據我們的「動機」。舉例來說吧，一個人為了餵飽全家而殺了一隻狗，與另一個人為了顯示主宰權力的假相也殺了狗的人，所延伸出來的因果報應是截然不同的。由於動機不同，所產生的因果報應自然也不同。再舉個例子來說，一個身無分文的人盡己所能地去幫助他人，以及一個單純只希望自己可以在社會上建立良好的名聲而花大筆的錢去行善捐款的人，這兩種動機所產生的因果報應也是不同的。因果不是決定在你花了多少錢、做了些什麼，而是決定在你當初的動機究竟是為了什麼，以此來計算你的果報。

如果我們了解了因果報應是一種維持萬物平衡的宇宙力量，而我們的動機決定了這個力量會回報什麼因果報應到我們身上，那我們就會了解因果報應是如何在宇宙運作的。如果我們的動機是善意的，我們將得到善的因果報應；如果我們的動機是去傷害他人，那我們自然會被他人傷害。

因果報應不是一個懲罰或批判的機制，而是一個維持平衡的機制。舉例來說，如果一個人歧視猶太人，他下輩子很可能就會投胎當個猶太人，並選擇一個會歧視他的社區生存以體驗被人歧視的滋味。這樣的安排是為了讓那個靈魂有了解並學習對立兩邊的立場的機會，進而找到一個可以平衡兩方的中心點。

根據以上所說，如果人們真的想要消滅所謂的因果報應的話，那我的建議是：在你做任何事之前，請先想想自己的動機。仔細地衡量一下一個行為背後的動機，是幫助？是傷害？是給予？是掠奪？因為這些動機所產生的結果最後都將回報到你身上。如果你無法確定，以下有個諺語可以讓你參考：「你不想要別人怎麼對待你，就不要這樣對別人。（己所不欲勿施於人）」開口前請先想想，如果是別人對你說了同樣的話，你會開心嗎？揍人前，想想你想被揍嗎？如果你對曾做過的事還感到後悔，那麼就試著去補償吧，別只是呆坐在原地靜待著不知道什麼時候會砸到自己身上的因果報應喔。

如果你曾經錯待過的那個人還在你的生命中，或是你找得到他的話，那我建議你還是寫封信或是當面去跟那個人好好地道歉吧。也許對方已經不記得你，但是你的內心會因此為這件事劃下一個句點。

9

我對靈魂導師（Spirit Guide）與高等靈魂（Higher Spirit）的定義

譯者：Peng Wen Lin

昨晚朋友問我一個問題，她問：「直覺是每個人與生俱來的能力嗎？」

我回答：「是的，那是每個人與生俱來的生存本能。」

她：「但是現在大多數的人看起來並沒有這樣的能力。」

我：「那是因為我們被周遭的環境影響，而我們的邏輯說服自己不再需要這樣的能力了，所以會讓人有『我是麻瓜』的錯覺。話雖如此，但當我們遇到真的需要那樣的能力的時候，它還是會出現。只不過現在我們將它稱為『本能的反應』。」

「這與通靈能力有什麼差別？」她問。

「這其實也是通靈能力的一種。事實上，大部分的通靈能力與我們感受到的直覺是一樣的。你可能無法看見或聽見，但你就是『知道』。藉由每天一點一點的解說，我希望可以讓直覺／通靈能力再度回到大家身上，也就是它原本應該屬於的地方。」

高等靈魂總括來說可能是天使、守護天使、佛祖甚至是神。我之所以開始統稱他們為高等靈魂的原因是：除了菩薩之外（也就是高等靈魂第一次在我面前出現的樣子），隨著我靈性修行的道路增長，高等靈魂也開始用不同的形體和樣貌出現在我的面前，以致於我不知道要用什麼樣的名稱來稱呼他們（說真的，你要如何稱呼一個馬雅人？或是穿著全白羅馬服裝的人？）。所以為了讓自己方便稱呼，我便統一將他們稱為「高等靈魂」。只不過我雖然用「高等靈魂」來稱呼他們，但那並不表示他們的級數比我們更高等，「高等」只是我用來形容他們較高的頻率振動。由於我對於靈學名詞抑或是神佛的稱謂並不熟悉，所以只能單純用我的認知來解釋我所感覺到的存在。對我來說，每一種事物的存在都有一種振動的頻率。

舉例來說，如果人類存在的振動頻率是每三秒一次，那麼高等靈魂的振動頻率則約莫在〇・五秒左右，而鬼的振動頻率則接近五至七秒。也因為頻率不同，他們對時間的衡量也會不一樣，高等靈魂的振動頻率讓他們在一個小時內可以規畫人類約莫得要花上一年才有辦法完成的事。反之，鬼的時間則比人類認知的時間更慢，他們的一天可能等同於人類的一個禮拜。

為了讓大家對高等靈魂更清楚的認識，我舉個例子：A很擅長數學，可是不擅長美術，而B則有美術專長，但是數學不好。所以當A面對美術科目時會很沮喪，這時B過來幫助A。在這樣的例子中，B就是A的高等靈魂。而當A來協助B面對數學時，那麼A就是B的高等靈魂。

高等靈魂一般不會在同一個靈魂身邊停留太久，通常是當那個靈魂需要更多勇氣和力量來克服他們生命中的功課，而人們沒有辦法從自身的靈魂導師身上得到時，那麼高等靈魂才會有存在的必要。通常在面臨人生困難時，那個突而其來的力量與勇氣，抑或是思想上的突破，往往來自高等靈魂所提供的幫助。

而在你的人生旅途中，與你寸步不離的則是你的「靈魂導師」。每個人只會有一個靈魂導師，但很可能會遇到許多不同的高等靈魂。靈魂導師是你稱作的「大我」（Greater Self）或是「高我」的存在。他／她為你規畫人生目的，安排人生中要學習與克服的功課。他們知道你的靈魂從開始到這輩子的所有一切，包含你努力了多久、還有多少要努力；他們知道你的所有優缺點，面對困難時可能會做出的決定，也會為你規畫你下輩子要進化的方向。換句話說，他們就是你——一個比較「有全面認知」的你。他們了解整個靈魂的藍圖，而作為人，我們只使用靈魂導師百分之一的意識。

靈魂導師的工作是要確保你在學習的正軌上，進化成你應該成為的樣子。他們也會製造你生命中的巧合，如果你的生命是一場電影，那麼你的靈魂導師就像這部電影的導演，他／她總是留意著什麼事正在發生或是即將發生，更會為你安排接下來的劇情，即便你這個主角完全不知道接下來將會發生什麼事。

所以，如果你曾經懷疑自己是否走在對的道路上，答案一定是肯定的。因為不管對現在的你來說自己看起來是什麼樣子，「對」或「錯」、「好」或「壞」

（如同我之前所說，這些語言是人類創造的），你一定會在正確的軌道之上，學習著你該學習的東西。如果你曾懷疑你所做的事情可能是錯的，那麼就從那個當下將它轉化成你認為是「對」的樣子，或是做個改變。學習的過程可能要花上好幾年，但是只要有心想要有所突破（或是那個讓你覺得「啊哈！原來是這樣」的領悟），其實只需花幾秒鐘的時間就夠了。

也有很多人問我「如何與靈魂導師溝通」？其實靈魂導師一直在試著與我們溝通，讓我們知道一切都會沒事的。他們不是用形體接近你，而是用一種感覺告訴你一切都會沒事的。如果不是被自己所創造的情境或理智困住，你們應該可以感受到每天靈魂導師試著與自己溝通的時刻。那通常是你感受到你所擔心的事物突然變得微不足道的感覺。

對我來說，那個時刻是當我在散步的時候突然抬頭看天空的那一剎，莫名闖進腦子裡的一種感覺。雖然那個連結一天只有三到五秒（會隨著你與他／她連結的習慣而增加），但是已經足夠幫助你度過那天種種繁雜心煩的事。所以如果你想要試著與你的靈魂導師溝通，我會建議你試著找尋那一天中你感到「一切會沒事」的三秒鐘。

10

什麼是精靈／妖精（Fairies／Goblins）？

譯者：Peng Wen Lin

對我來說，精靈是一種振動頻率比鬼快，但是比人慢的存在。相較於振動較快也比較活躍的精靈，妖精的振動頻率則偏緩慢，其傳遞的能量也比較沈重一點。所以如果你看得到人和鬼的話，那麼只要再調整一下你的振動頻率，你自然也可能看見精靈／妖精。

我原本對精靈的認知就不足，所以當我發現他們真的存在的時候，真的感到十分驚訝。我必須承認，當我第一次看到他們，真的有被嚇到。這很可能是因為一直以來我都認為精靈只不過是童話故事裡所創造出來的虛假角色罷了。所以第一次親眼看到他們時，幾度讓我懷疑自己的眼睛是不是出了什麼問題。由於我一開始也不大了解精靈（妖精）存在的目的，所以整整花了好一段時間才終於了解每件事物的存在都有它的原因。

我一直以為所有的精靈和妖精都住在樹林中，但我第一次遇見精靈卻是在一間餐廳裡（不過那間餐廳也座落在一座很大的花園公園中央），那個時候有一個三吋的精靈發現我看得到他，於是大聲嚷嚷地告訴他的同伴們，而另外兩隻精靈則顯然不相信有任何人類看得見他們。你們可能都知道我的高靈出功課時從來不會讓我好過，所以接下來的三到六個月裡，我簡直就像活在一個到處都是精靈的奇幻世界裡。

精靈和妖精一般是透過自然或季節裡的信念獲得能量，然後再將生氣蓬勃的能量回饋給自然（像是花、植物、木頭、水、甚至是土壤）。他們之於自然就像蜜蜂之於花朵的存在一樣。他們吸收、轉化能量，然後再傳送能量以維持自然能量的良好循環與平衡。這個意思是說，他們不只存在於自然裡，他們也存活在「人們相信他們存在」的社會架構裡。（這可要感謝那些相信精靈存在的孩子們，讓精靈繼續存在於我們的世界。）當然，除了人類以外，精靈與自然萬物的連結讓他們從彼此的互動之中也能夠得到能量。

儘管大部分的人不能透過肉眼看見精靈，但卻都可以體驗精靈的存在。精靈的存在往往會替大自然加入些許調味，就如同在蘋果派中加入少許肉桂粉的意思是一樣的。當你看到樹葉由綠轉黃（或紅），感受到秋天來臨，並能夠品嘗出空氣中好像有南瓜或豐收的味道之時，那麼你就可能正被精靈圍繞著。他們就像大自然裡的各種調味料，給予季節一種你不大知道如何形容的味道。有一種只有二、三吋高的精靈，長得像花似的。他們往往只會存活一個禮拜，我稱呼他們為「春天精靈」，在春天開始前一周，會爲空氣裡帶來一種清淡而清新的甜點味。

相較於精靈所帶來比較清淡而清新的能量，妖精給予的能量比較沈重與穩定。他們的能量大多與木頭、石頭更甚至是土壤相似。所以如果我將精靈比喻為肉桂粉，那麼妖精就會是肉桂棒。比起出沒於春夏兩季的精靈，你在秋冬時節可能會遇到比較多的妖精。精靈和妖精的體型都有二吋到五尺高的差別，但我將有翅膀的歸類為精靈，而沒有翅膀的則歸類為妖精。

如果你有興趣想要親眼見到精靈或妖精，我建議你找一個有些許月光的寧靜湖泊，在下午六點左右，你會看到湖水表面有一些蒸汽，當然，有些人可能會說那是因為湖水在釋放熱氣。但你很快就會發現，精靈和妖精總是有辦法與自然融合，如此一來，自我意識甚高的人們就不會發現他們的存在。不過我在這裡要教大家如何看見他們。那股蒸汽會距離水面大概五尺高，然後在湖中央形成圓圈，不像分散的蒸汽散布於湖的表面，這股蒸汽似乎一直在湖泊中央繞圈，那股蒸汽就是人眼所能看見的。某次我偶然看見那些精靈似乎在湖面上跳著月舞，然後為空氣中帶來一種富足的氛圍。

當周遭有精靈時，那裡的環境會更生氣蓬勃。所以如果你感受到空氣中有南瓜的味道、感受到秋天的味道，那麼就算你看不見，你也很可能遇見了一隻精靈。不過誰知道呢，如果你夠相信的話，或許你的信念會幫助你看見其中一隻調皮的精靈喔！

11

讓我們來談論人生的目的吧
(The Purpose of Life)

譯者：Peng Wen Lin

由於常常有人問我，他們人生的目的是什麼，所以我想也許我可以試著解釋。如此一來，人們就不用老是尋找像我這樣的陌生人來回答自己內心深處早已知道答案的問題。

在臺灣長大，我常常被教育所謂的人生的目的就是要「做一些什麼大事」，以達成人生的使命。人們常常認為單純的生活是沒辦法達到人生的目的，得要做些什麼事情才算是給人生添增了意義。特別是像我這樣從小就擁有靈媒的能力的人，幾乎馬上就會被師兄師姐們標榜上要「修行」、「幫助別人」、「替神明傳遞訊息」，甚至是「犧牲小我來完成大眾需求」的標籤，好像我非得這麼做，才能完成我的人生目的。

我花了好長一段時間才意識到，所謂的人生目的只不過是靈魂為自己所設定的目標罷了。

當我們還是靈魂狀態在鋪陳這一生的時候，我們的靈魂導師已非常清楚自身的優點與缺點。為了增加優點以及克服缺點，我們設定了人生目標，進而可以讓自己按照這個目標來規畫人生。而且這個目標絕對是以你為主軸，不會是與他人相關的，更不可能是為了滿足他人的需求，而讓你必須要做的事或是應該得到的東西。如同我先前提過的，靈魂有自然進化的本能，身為靈魂的我們總是不斷地尋求可以讓自己的生活更好，與存在更有意義的方式。藉由這種本能，我們帶著「希望成為更好的靈魂」的動機來設定我們的人生目標。我們為人生規畫功課（這是接下來會跟各位解釋的話題），只為了可以從中一點一滴地讓靈魂變得更加強壯，以達到當初投胎前訂定的目標。舉例來說，如果一個靈魂擁有非常好的潛能，但卻不懂得愛自己的話，在這種潛能無法被開發的情況下，他很可能會為自己設立一個「沒有人愛我」或「我不愛自己」的平台，那麼在未來這個設定就有被克服的必要。然後在學習克服這個設定的過程裡，靈魂會學習到如何真正地去愛自己。所以，「愛自己」就會是他的「人生目標」，而克服這個平台設定的過程則會是他的「功課」。拿我自身的例子來說好了，我花了非常久的時間去接受自己所擁有的靈媒能力，因此，我的人生目標可能是去接受自己，並且擁抱我所擁有的。

所謂的人生目標，通常是一個靈魂希望能在這輩子得到，並且可以在下輩子運用的能力／領悟／認知。也就是說，人生的目標永遠不該是繞著別人在轉，而是關於自身的成長。這個目標不會跟你賺多少錢、可以幫助多少人、或是如何找到靈魂伴侶有關（雖然這些很可能是幫你得到那個領悟的過程）。而是你可以藉由生活體驗所得到的進步，進而讓你在成為靈魂以後可以帶走的。我們之所以設定人生目標是為了讓自己對未來能有所方向與期待，而功課存在的目的只是為了挑戰我們，以確保我們是真的想要它的發生。透過這樣的認知，你就更應該清楚地知道，當自己的心中對未來有了明確的目標時，你就不應該被任何困難和恐懼打倒，而是該更堅定地向前前進，向宇宙證明你有多麼渴望達到它（目標）。因為事實是，當你夠渴望達到它，而且能夠證明你不會被任何丟在你身上的功課擊敗時，你就一定能夠達到這個目標。

讓我再將這個目標解釋得更清楚些。我們的人生目標可以被兩個非常簡單的問題所概括：

1. 當你死時想要成為什麼樣的人？
2. 在你死後，你希望如何被記得？

對我來說，找到人生目標最好的方式就是踏實地生活。既然我們規畫這輩子是有原因的，那麼為什麼不趁活著的時候好好地去發掘它呢？不管生命中出現的是好是壞，開心的傷心的，都學著去處理自己的情緒。然後把人生中所有的困難當成一種讓自己成長為更好的靈魂的機會。情緒的存在是為了讓我們走在正軌上，而不是將我們困在情境中。生活中的挑戰是為了讓我們有機會練習自己的靈魂肌肉，如此一來我們才可以更熟練地讓自己變得更好，而不是因為暫時的情緒而讓人生停止前進。

現在，將你的人生想像成一張白紙，你可以在白紙上設計任何一個你熱愛並被啟發的人生（說真的，你絕對有能力讓人生成為那個你想要的樣子）。如果上天賜與你重新設計自己人生的機會，那會是什麼樣貌呢？而現在的你為了達到這樣的目標，又會做出什麼和現在不一樣的努力呢？

如果那樣的景象讓你感到激動也迫不急待地想要看它成真的話，那就從現在開始改變吧。不管你現在幾歲，也不管你覺得那個目標是多麼遙不可及或不可能，只要你願意從現在開始改變，那麼你馬上就可以看到宇宙如何給予你幫助。沒錯，生命中的挑戰可能依然存在，而且身旁的人們甚至會試圖說服你放棄自己的夢想，但是記得我之前說的嗎？我們不是從幸福中學習，而是從克服一個又一個挑戰中成長。（沒有付出，就沒有收穫，對吧？）人生中的困難只是為了讓你向宇宙證明你真的渴望它。所以不要只是要求，用自己的實力爭取屬於你的未來吧。

總而言之，如果你可以再問自己一次上述的那兩個問題，然後將你的目標設定清楚，並朝著那個方向認真地過你的生活，你很快就會發覺，藉著踏實地過好你的人生，你已經逐步地朝著你的人生目標前進了。

12

什麼是人生功課？（The Task of Life）

譯者：Peng Wen Lin

所謂的「人生功課」指的是我們在規畫人生的過程中，為了讓我們可以去克服以達到人生目標所鋪陳的種種困難。舉例來說：如果「去露營」是你的人生目標，那麼「準備露營的用品」就是你的人生功課。我們都知道沒有人可以毫無準備的去露營，所以拿露營來做為比喻的話，「準備露營用品」就是你的人生功課，「準備的過程」就是達成你的人生目標的過程，「準備齊全到達營地」則是你達到了自己的人生目標，而「享受露營」則可以比喻為你享受達到人生目標後的成果。

如同前面文章提到的，靈魂會為自己規畫一個目標，並以這個目標為基礎來鋪陳一個人生。為了達到那個人生的目標，他們會規畫各式各樣的人生功課以鍛鍊靈魂的肌肉，進而讓他們克服種種的功課並進化成更好的存在。而靈魂導師則會隨時監督我們走在正確的軌道之上，並確保我們可以循序漸近地進化，先讓我們克服了第一階段的功課之後，再進化到第二個階段。

經過好幾年的個案研究和自己的經驗與觀察，我發現人生功課的運行有一個模式。它通常會在一個人五～十歲的時候形成一個句子（也就是所謂的課題，後面的段落會解釋「句子」），然後接下來他／她會花十～十五年的時間蒐集證據來證明那個句子是對的，在二十五～三十五歲左右，那樣的信念會有所動搖，也就是說他／她可能開始懷疑自己之前所深信不疑的那個句子是不是真的（只不過大部分的時候，人們還是習慣堅持守護著自己所創造出來的故事，因為那種「我是對的」的感覺會讓他們有安全感）。然後在四十～五十歲左右，那樣的信念應該開始出現了其它的可能，雖然他們還是很有可能緊捉著自己的故事不放，但卻也同時願意開始慢慢地踏出第一步，並去嘗試些不一樣或是新的事物。在六十歲左右，他們應該透過這樣的嘗試而有了不一樣的認知，並開始學著運用新發現的領悟與認知來過日子，進而可以堅強那些新領悟出來的靈性肌肉。舉例來說，如果一個人的人生功課是「愛自己」，那麼她人生的初期很可能規畫一個「沒有人愛我」的平台來作為她的人生功課。因為相信沒有人愛她，所以她很可能變得害羞內向，甚至害怕與人交談，然而這些要素都將會成為她日後要克服的人生功課，為的是讓她在人生的後半段可以學會愛自己。

雖然這樣的模式適用於大部分的人的身上，不過我也發現有時候人們會過分的固執，也就是他們寧願堅守自己的信念與驕傲的自尊，而拒絕朝著人生的方向前進。因為他們太害怕拋開那個花了自己好幾年印證而來的故事，以致於他們永遠卡在蒐集證據的階段，而只能不斷去證明「自己沒有人愛」的假相是真實的，並同時拒絕接受其它的可能。

人生功課永遠不會是簡單的，但它絕對是一條讓你逐步漸近的道路。當靈魂規畫人生的功課時，你不管到哪裡或是和任何人相處都絕對可以發現功課存在的蛛絲馬跡。通常功課雖然到處存在，但人們往往可以從最輕鬆的方向開始做起，例如你的老闆和同事，進而到稍微重一點的功課，像是朋友、情人，然後最後再到你的家人。重點是，如果你的人生功課是「愛自己」的話，那麼你很可能會面臨到種種會讓你討厭自己，更甚至是不知道如何愛自己的狀況與機會。如果你在自我表達上有困難的話，那麼這個功課在你學會表達自己的意見和想法以前，極有可能會不斷地出現在你的人生中。

人生的功課向來不容易，所以大部分的我們傾向忽略它或是將它擱置一旁。我們有時甚至會說服自己說這不重要，或是將它歸咎於別人，因為如此一來我們就不需要去面對。但我們都知道功課丟著不做會怎樣，對吧？它可能會因為過度的累積，而讓我們有種無法掙脫的窒息感，進而讓我們想要全部放棄。事實上，處理功課的態度就像是你要著手整理一間囤積滿雜物的屋子一樣。不管屋子裡的雜物累積了多少，只要你從成堆的功課中開始著手選擇一個功課來做，那麼你的人生就會從那個時刻開始變得輕鬆許多。因為你會藉由一次又一次的練習而讓自己慢慢變得熟練，當未來有同樣的功課再度呈現在你的面前時，你幾乎不用思考就知道該如何著手處理。我常常告訴來找我諮詢的客戶說：要跨出第一步往往很難（或是最難的），但是只要願意跨出第一步，那麼接下來的每一步都只會變得愈來愈容易，因為你會在做功課的過程中慢慢地累積處理它的能力。

由於人生功課大多在五到十歲間成形，所以人生功課通常是與你相關的簡單句子。像是「我不夠好」、「我不被愛」、「我不夠聰明」、「我不值得」。就如同人生的目標一樣，你的人生功課通常只跟你有關。而那個句子通常是以「我」做為開頭或主詞，前後大概是五個字左右，聽起來就像是一句五歲的孩子會說的話一樣。因此如果你真的了解人生功課的意義，那你就會了解它的存在是為了幫助你進化，而不是讓你停止前進。所以如果你可以運用這樣的模式去找出你的人生功課，你絕對也可以找到你的人生目標，例如，如果你的人生功課是「我不夠好」，那麼你的人生目標就很有可能是「我很棒」。

美國作家偉恩．戴爾（Wayne Dyer）曾說過：「改變你看待世界的方式，你所看見的世界就會跟著改變。」人生功課和人生目標就是以這樣的模式在運行的。只要你將重心定錨在你的目標上，那麼你就會了解每一個功課都有存在的原因。你應該想辦法去克服它，而不是因為困難的發生就停下前進的腳步。

如同我先前說的，每個靈魂都有它存在的目的，而你的人生目標與存在價值，需要靠你自己摸索出來。

將功課視為成長的機會，那麼你就絕對會看到自己的成長。我知道人生功課有時候真的難到讓人難以忍受，甚至幾度讓你覺得無路可走，要是真到了這種地步，那就先學著讓自己喘口氣吧。先讓自己的心靜下來，並好好地想一想你的靈魂導師為什麼要規畫出這樣的人生，以及他希望你能從中學習到什麼。我很確定你一定會找到答案。記得嗎？你的靈魂導師總是無時不刻地在你的身旁引導著你，只不過有時候你必須先好好地讓心靜下來，才有辦法聽到那個答案，而不是一味地用你的自尊與邏輯去分析喔。

13

靈魂的資料庫
(Soul's Database)

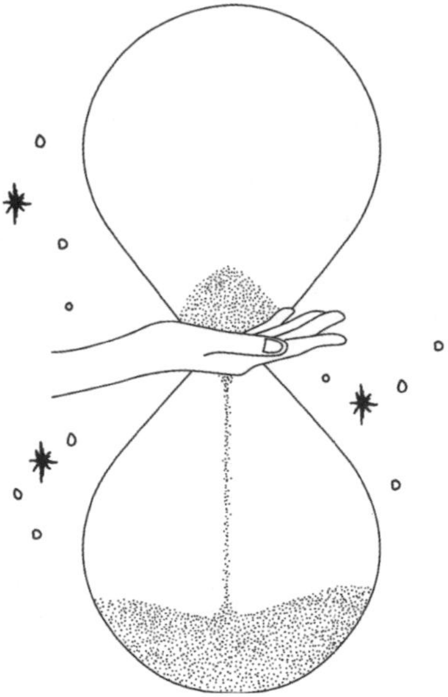

譯者：Peng Wen Lin

這幾個禮拜以來，我一直在適應「生活教練」這個稱號。但現在我發現自己根本沒有辦法勝任這樣的稱號。因為我沒有辦法教導別人如何生活。因為那建立在每個人都有自己的人生目的和功課要做（而我也顯然還在摸索自己的）。

也因此，我所定義的「比較好的生活」可能不適合你的藍圖或排程，也很可能是我一廂情願的認知罷了。想要找到最好的生活方式，必須靠你自己摸索，願意從錯誤和小小的成功回饋中慢慢地了解要如何引導出自己真正想要的生活。所以事實是，沒有人會比你更適合當你的生命教練。

因此我要在這裡更正：我不是生命教練，而是靈性教練。我引導人們去了解靈性的各種樣貌，並教導你們如何讓自己以靈魂的本質去面對自己的生活。希望藉由分享我所了解的靈性世界，可以讓你們不單單只是活著過一天算一天的日子，而是讓你們可以選擇活出自己想要的生活，甚至是創造出一個你所熱愛的生活。

讓我們來討論靈魂的資料庫吧。

你們是否曾經想過靈媒們是如何得到你的資訊嗎？嗯，我有（因為我真的是個十足十的好奇寶寶）。

我剛開始替人諮詢的時候，常常透過跟在客戶身旁的神與菩薩身上得到資訊。而那個時候我最大的問題是「你們（神／佛）應該去外面幫助別人，而不是在這裡回答我的問題吧？」「你們為什麼要形影不離地一直跟著他／她（客戶）？」「為什麼他們（客戶們）的資訊會由第三者給予？」「神／佛難道沒有更重要的事要做嗎？」「你們（神／佛）的資訊從哪裡來？」「你們（神／佛）如何得到資訊？」諸如此類的問題。

如你們所見，我是個充滿好奇心的小孩（一直到現在也還是）。我的腦海中總是會冒出一個接一個的問題，不斷地促使我去尋找到可以說服自己的答案（雖然我並不是那麼容易被說服）。所以在諮詢過後我總是會緊隨那些高靈們的蹤跡，不斷地想要知道他們的資料從哪裡來，以及他們如何取得資料。我也是從這個過程中逐漸了解如何區分高等靈魂和靈魂導師的差別。也許是因為他們對我老是探頭探腦又形影不離的詢問感到厭煩，我最終被引領到一個什麼都沒有就只有四面徒壁的房間裡。

這個空間裡真的什麼都沒有！我既不知道它的功能是什麼，也不了解它存在的意義，只不過那個四面徒壁的空間卻顯然是每個靈魂導師取得資訊的地方。沒有人告訴我那是哪裡，也顯然沒有人要教我如何像他們一樣可以取得資訊。直到有一次，某個客戶因為想了解自己對於某個事物莫名恐懼的原因來尋求我的協助時，我才終於發現這個房間的功用。

你們有看過《駭客任務》這部電影嗎？當你在一個什麼都沒有的空間裡說

「槍」，一排又一排的槍就突然冒出來讓片中的角色選。而那間房間的功能就像這樣，不過我覺得用視覺版的Google搜尋引擎來形容可能會更貼切一點。比起駭客任務的場景，這個房間的運作方式倒是更像一座圖書館。只要懂得運用對的關鍵字來搜尋特定的資訊，你就很可能得到你想找的答案。我也發現大部分的靈媒會選擇第一個最有可能的資料來解讀（特別是在不懂得使用關鍵字的情況之下），因為在這座圖書館裡所出現的資料很可能會大到將人淹沒（我承認自己也曾經是其中的一員）。對我來說，我的眼前會因為我的搜尋而出現很多個螢幕，而且每一個螢幕裡都會不斷地重覆播放著約莫五到十秒的短片。當我再重新定義我要搜尋的東西時，其它不必要的螢幕則會跟著消失。

在我第一次發現這個空間之後，我開始把這個地方稱為靈魂的圖書館（坊間則是普遍稱它為阿卡西記錄，抑或是元辰宮）。一開始我以為所有的圖書館都長得和我看到的第一座圖書館一樣，一直到後來我才發現，圖書館的顯相是依照每個靈魂的偏好而異。有的看起來充滿現代感而且井然有序；有的看起來有點雜亂但很溫馨；有的看起來古老而雄偉；有些則是看起來嬌小但應有盡有……。我同時發現自己可以從圖書館的陳設，大致猜出靈魂的個性。在這個新發現的圖書館裡，保有靈魂從最初到現在的所有紀錄，也就是說所有你曾做過的事情，不論多大或多小，你的靈魂圖書館都會將它們記錄下來，就像飛機上的黑盒子一般。

俗話說「凡走過必留下痕跡」，這就是靈魂資料庫在做的事情。不管在人類的認知裡那些事情重不重要，但顯然只要有發生過的事情它都一定會被記錄下來（不管是前世或是今生）。相反的，如果客戶跟我描述的故事是由他想像或是編造出來的，那麼我眼前的影像會在瞬間成為一片黑幕，我也自然而然地找不到任何資料。在這樣的認知下，我開始發現自己沒有評斷任何人事物的必要，因為我們就是自己最好也是最差的法官。我們的靈魂記錄了生命中的每一件事，讓我們成為靈魂後，可以回顧審查這些參考資料。身為一個靈魂，你不會有人類狹隘的偏見，而是能夠以更寬廣的角度和理解力來衡量事情的公正性。

我不是說因為靈魂記錄每件你們所做的事情，所以你們「永遠不要」犯任何的錯誤。資料庫的存在不是為了要審判你，它只是為了讓你在成為靈魂時，以及安排你的人生功課／目的時，有資料可以參考。但就像我之前說過的，我們生而在世是為了學一些什麼，而錯誤和阻礙是為了讓你有機會可以學習。所以與其將自己執著於過去的錯誤中，我們更應該認真思考自己是來學什麼，以及我們可以做些什麼克服這個阻礙（當然，一切都必須在尊重宇宙萬物的前提下）。既然資料庫總是在記錄，為什麼不多花一兩秒的時間來協調你的動機和行為，讓它們達到共識呢。如此一來你就可以避免做出違心的行為。特別是當你意識到資料庫時時刻刻都在記錄的話，你就更需要為自己的言行舉止負責，不是嗎？

所以如果你曾經疑惑大部分的靈媒是從哪裡得到你的資訊？其實最有可能的是那些資料全都是來自於你，也就是你的靈魂資料庫喔。

14

地獄
(Hell)

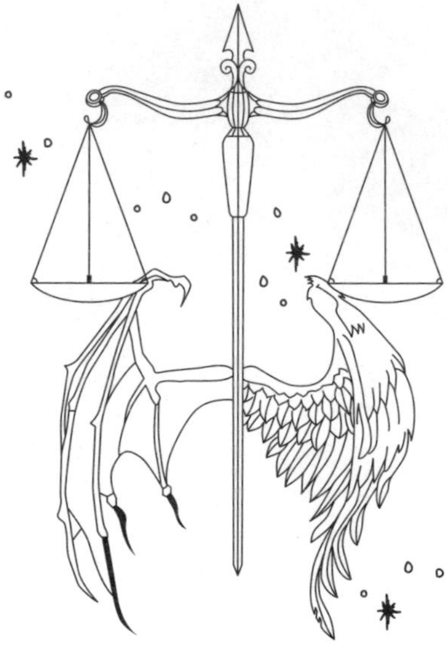

譯者：Peng Wen Lin

我發現一件蠻有趣的事，那就是人們常常以「下地獄吧！」來當作對別人的詛咒。我呢，當然也遇過很多次這樣的情況，尤其是當人們的信仰與我相左的時候。如果他們知道我已經走過地獄好幾回，而且地獄只是一個每個人死了以後都會經過的地方，不知道他們還會不會把「下地獄」當成是一種詛咒？（當然，還有詛咒他人時所引發的反彈能量。見27.〈詛咒的效應〉，P.131）因為一旦他們了解死亡的流程，他們就會發現自己所說的「下地獄吧」只不過是陳述一個事實，不是嗎？所以在那個時候的我該說什麼呢？「謝謝囉，我知道我會下地獄，但別忘了你也會喔。」說真的，在人們不了解地獄到底是什麼的情況下，我這麼回答可能只會讓他們更生氣吧XD。

地獄是一個存在於許多信仰中的名詞。我不太清楚其它的宗教是如何形容地獄，但是對於佛教徒來說，地獄是一個會讓你上刀山下油鍋，割下你的舌頭，折磨得讓你生不如死的地方。當然，在佛教的定義中並不是每個人都會下地獄，而是要罪大惡極之人才會。所以社會從我們小時候就不斷地提醒：阻止自己下地獄唯一的方法，就是永遠不要做壞事。（說真的，有時我覺得佛教嚇阻人的方式還真有一套:P）

這也難怪當我有機會了解真正的地獄是什麼樣子的時候，我會追根究柢地想知道所有關於地獄的細節，如此一來才能滿足我內在小孩的好奇心。

地獄是鬼在進化成大我（或者你們把它形容為進入白光）前的過濾系統。也就是說，每個人在進入白光之前都會先經過地獄。這聽起來很恐怖？對不起，但你一點也不需要擔心，因為所謂的地獄對於生前行得正坐得直的人，其實是完全沒有影響的。事實上，大多數的人在經過地獄時，不會有任何特別的感覺。而我在這裡所指的「大多數人」其實相當於百分之八十五的人口。

地獄試圖過濾的是在我們進化成為靈魂前還懷抱的那股「罪惡感」。這裡所指的是很一種很特定的罪惡感，那是藉由「你明明知道自己不該做那件事，但你還是做了」的認知下，所創造出的罪惡感。讓我們誠實點吧：人生中總有某些時候會發生這樣的狀況，對吧？所以對大多數的我們而言，地獄只是一個自省的空間，讓我們可以回顧自己曾經做錯的事情，並思考如何改進自己，讓下次做得更好。接下來，我們會帶著這種新的認知來設計和規畫下一個輪迴。我們或許會選擇成為某個人的守護天使，以彌補生前曾經犯下的錯誤，也或許是將這輩子所犯的錯誤轉換成下輩子要克服的功課。由於大部分人們所帶有的「罪惡感」都不是罪大惡極，以致於我們在經歷地獄（抑或是稱做為灰色地帶）時，大多不會感受到疼痛，而是會經歷猶如反省自己一生的過程。

雖然說地獄只是一個讓人自省的灰色地帶，但在這個地帶也的確分成五個階層。對於大多數的靈魂來說，經過這個空間時不會感受到任何疼痛，只會進行自我反省。這就是第一階層，也是普遍每個人都會經過的地獄，我稱它為「自省」。

第二階層，我稱為「自我懲罰」，是給那些後悔自己做了壞事的人（我這裡說的壞事，指的是那些刻意去傷害任何有生命價值的自然萬物）。對這些鬼來說，這個空間就像是個虛擬實境一般，會把曾經是加害者的自己放在傷害過的受害者的處境當中，讓他們感同身受地體驗自己曾對別人所造成的傷害。這個階層主要的目的是讓加害者明白受害者的感受是什麼，希望他們藉由在這個地帶所學習到的領悟與認知，重新規畫可以讓他們的靈魂更進化的來世。

第三階層，我稱之為「追魂」，是給那些明明知道自己做了壞事，但在他們成為鬼之後卻處處躲避懲罰的人。這樣的鬼往往知道自己必須體驗地獄帶來的痛苦，而選擇躲起來。他們一般不會是讓人注意到的鬼（因為人的意識與感受會自動告知他們的所在之處），所以他們往往會躲在非常隱密又不會讓任何神佛發現的地方。在這一階段你會看到那些追魂使者（沒錯，就是那些手拿著鐮刀，穿著一身黑衣披肩帶帽的使者），在感知到這些「逃犯」的所在之處之後，他們會以極快的速度來追捕那些躲起來的鬼魂，迫使那些鬼魂回到他們應該去的地方。有時候，追魂使者一旦知道某些靈魂有逃跑的傾向，甚至會在那個人往生前一周就在他的旁邊候著。

第四階層，我稱為「施壓懲戒」，是給那些明明知道自己犯了大錯，但卻完全無心悔改的靈魂。那些鬼會體驗到他們生前施加在受害者身上的痛苦，與「自我懲戒」階段的差別是，他們在這個階層所感覺到的痛是第二階層的三到五倍之多。原因是，我們都知道在全身緊繃的情況下打針總是格外的痛吧？當你抗拒的時候，你所受到的懲罰以及體驗的感受自然會比別人還要來得多一些。

第五階層，是給那些犯了大錯，無心悔改，而且沒有機會再進化的靈魂。在這個階段有一個高等靈魂扮演法官的角色，他會決定這個靈魂的未來。是要讓他／她從頭開始、將他／她困在另一個次元當中；或是給他／她第二次機會償還自己曾經犯下的錯誤。

所以如你們所見，地獄不是一個你應該覺得害怕的地方，而是每個人在進入白光之前都必需經過的路。只要我們對宇宙抱持尊重，誠實面對自我，不要帶著不好的動機刻意傷害另一條生命，大部分的我們在走過地獄的時候根本一點感覺也沒有喔。

小記：

今天與一個朋友聊這個話題時，她問我：「那你是怎麼知道這些的？」「你是某天忽然決定你想看看地獄是什麼嗎？」「你怎麼知道地獄裡的不同階層？」「你看到了嗎？」「或是你必須要親身體驗才能了解它？」

我回答他：不是的。我不是某天醒來就突然決定「嘿～今天是個適合拜訪地獄的良辰吉日喔！（老實說，誰是這樣的啊）」而是因為我對於「白光」的極度好奇。長時間以來，社會一直讓我相信只要我走進白光，我一定是死掉的靈魂。這樣的認知讓我在接觸到「白光」的時候會下意識地迴避三分，但這樣的認知終究抵不過我猶如九命貓的好奇心，讓我終於忍不住想要進到白光裡面，看看光的另一面究竟有什麼東西。

或許那個時候的我是真的覺得「嘿，如果我死了就死了吧，沒什麼大不了」（我想其實當人們對靈魂了解到某一個程度時，或許都會像我當時一樣，一點都不擔心死亡了吧？）

然後，就在我準備走進白光之前，我莫名奇妙地被拉進了另一個次元（或者應該說我是整個人被吸進去的吧）。一開始的我真的被嚇壞了，因為它馬上反射出這輩子所有讓我感到內疚的事。不過也要感謝我從小到大受到的那些宗教信仰的威脅，讓我深信自己並沒有做過任何足以讓我在地獄中受苦的事，也因此，我可以安全地在地獄裡觀察我所看到的景象（當然，那得在我反省完所有我內在愧疚的情緒之後）。

朋友又問：所以那對你來說是什麼感覺？

我說，就像在看電影一樣。雖然所有的靈魂都在那個空間裡，但他們看起來沒有注意到其他靈魂的存在。只不過那些受苦的靈魂看起來真的很痛苦，而大部分的靈魂則只是站在原地思考，彷彿在回顧什麼事情一般。

15

魔
(Devils)

譯者：Peng Wen Lin

研究魔的功課發生在我剛開始靈修的時候，我想那是為了讓我在往後的學習過程中，可以保持自己的心念，不受到魔的操縱或影響。

如果你一直以來有追蹤我的部落格，你很快地就會發現我的高等靈魂很可能一點都不喜歡我（至少我之前是真的這麼以為的）。他／她總喜歡一次丟一大堆東西給我，一旦我開始了解但還沒有辦法完全學會掌控上一個功課的時候，他們又馬上會丟新的功課到我身上。長時間以來，我一直活在覺得自己瘋了的世界裡（而且坦白說，他們有時真的很讓我抓狂 :-P）。至於有關魔的功課，高等靈魂們當時派了許多邪惡、醜陋且令人心生恐懼的魔，每天都來威脅要殺了我。重點是還總形影不離地緊跟著我。要是這樣還不夠的話，他們還會確保我每天睡著後被送到一個次元裡，測試我是不是容易被魔操縱，抑或是我會不會保護自己來對抗魔。這樣的結果導致當時的我很害怕離開家門（雖然有沒有出門根本就沒有任何的差異）。我總是恐懼著他們會對我的家人造成影響，抑或是我一旦離開家以後會不會又吸引了更多的魔回來。或許正因為是這樣的恐懼，所以我開始強迫自己和魔對抗，並且決心想要找到一個讓他們永遠遠離我的生活的方法。

讓我真正去研究惡魔的事件是：在我孤立無援地對抗一些魔的時候，我的高等靈魂（那時是觀音）就只是站在一旁看著，一點也不準備給予自認身陷危境的我任何協助。當時我非常沮喪地問她：「你不是應該幫我嗎？」她回：「我應該嗎？」我對於她不給予我任何幫助的這件事感到十分生氣，所以我說：「神不是應該幫助人嗎？」而她竟然反問：「你又怎麼知道我是真的神呢？」我因為她的回答而皺眉：「這話是什麼意思？你看起來像神，難道不就是神嗎？」這時候的她只回了我一個微笑：「就因為我看起來像神，就代表我是神嗎？」說真的，或許是因為她的回答出乎我的意料之外，在那個時候，我只感覺到無比的困惑：「若你長得像神的菩薩不叫神，難不成你是惡魔嗎？」但她同樣只回給我一個微笑：「我很可能是啊。」那個時候的我當場氣結地開口：「神不是神，魔不是魔，那我從此以後乾脆誰的話都不要聽了！」

如果每個人都有一個逼迫自己去尋找真相的時刻，那麼對我來說，與菩薩的這段對話就是那個時刻。在這個事件後，我經歷了一段完全不相信任何靈魂的期間（不管他們是以什麼形象呈現在我的面前）。我質疑每一種靈魂的存在，並強迫自己研究如何區分他們之間的細微差異。那個過程不但讓我開始學會分辨出每個靈魂等級的差別，也讓我開始分辨出魔分成三種階等的認知。

雖然鬼和魔都可能讓你覺得冷，但鬼給你的感覺比較像冬天晚上沒穿外套，走在路上的寒冷，而魔會讓你從裡冷到外。是從骨子裡冷出來的，而且往往伴隨著令人無法形容的莫名恐懼。惡魔的振動頻率介於人和高等靈魂中間，也會依據他們的階等有所不同。

第一階的魔可能是我們最熟知的：他們看起來疵牙咧嘴，扭曲的臉或猙獰的表情，就連言行舉止都顯得怪異。或許是因為內心的扭曲導致於形體也跟著顯化。他們無法控制自己的振動頻率和能量，也不能改變自己的外表。他們的存在會讓你感到不安和緊張，而他們形體也可能觸發你的恐懼。他們透過你的恐懼來得到力量，但大多是透過外在的恐嚇。

第二階的魔有能力將自己的外表變成一個正常人的模樣，但是卻沒辦法控制他們的能場，所以比較敏感的人還是可以察覺他們的不同。對我來說，雖然他們看起來很正常，但在他們周遭的時候我的心跳會加速，有時甚至會感到頭昏眼花。

第三階的魔可以將自己的外表轉換成任何你希望／想要他們成為的樣子，也可以控制自己的能量（這也是為什麼他們有時候甚至會以神佛的模樣出現）。但是如果你仔細觀察他們的行為，你通常可以從中找到他們試圖操控你的模式。他們擅長抓住你所渴望的東西，然後讓你覺得你所做的一切都是為了神（或以神之名），即便那件事對其他人來說根本一點都不合理。要了解這個階級的魔，你必須很清楚地知道自己的弱點是什麼，習慣是什麼，除了面對之外還要懂得抗拒誘惑。

儘管魔分成三個階等，不過我發現你如果知道自己的價值，了解自己所扮演的角色，並相信宇宙的安排，而不是總是想抄人生的捷徑，那麼他們就不能對你怎樣。恐懼是魔的能量來源，也就是說，只要你對他們不產生任何的恐懼抑或是慾望之心，那麼他們的存在對你來說就沒有任何的影響。只要你不要有過於偏激的想法或是慾望可以輕易被操縱，他們能對你做的也十分有限。當然，你要如何知道自己被操縱了？有時你也只能透過自己犯了錯之後才有辦法找到真相。因為直到你親自嘗試以前，沒有任何的答案是絕對的。

那些惡魔在成為惡魔之前都是有跡可循的。當他們還是人的時候，他們就已經表現出像神一樣（或是認為自己高人一等）的行為。而這些行為與那些希望控制自己的人生，相信自己的力量想要做出改變的人是不一樣的。雖然有時這些人甚至會跟你說他們相信神的力量存在在自己的體內，但是他們不會尋找信徒，也不想控制任何人的生活，他們只想要掌控自己的命運。那些有可能轉變成魔的人在活著的時候就相信自己是神，他們相信自己有權力可以掌控其他的生命，他們表現得像是神的代言人一樣（有時候甚至會自立宗教），並不斷地尋找追隨者和信徒，讓自己被眾人崇拜，因為那同時也給予他們控制其他生命的力量。他們擁有統治的慾望，而且表現得像是其他人的生命都不值錢，只有他們是唯一有價值的生命一樣。那些人在死掉之後通常會被困在惡魔的次元裡，在痛苦中掙扎，之後就會因為魔總是存在的邪惡動機而讓他們的外表扭曲。

也有一種魔不是來自外在，而是內心。在佛教裡，稱之為「心魔」，那不是一種意識的存在，而只是被人類的貪婪所餵養的能量。對權力、金錢、名聲和名譽的貪婪。雖然大部分的我們或多或少都有一些貪婪存在於內心，但我們不會為了滿足那樣的貪婪去傷害別人。但是當一個人為了滿足貪婪而「不計代價」去傷害另一條生命時，那個內在的惡魔就會得到被餵養的能量，我日後會再跟大家解釋。

總而言之，我想說的是只要你願意找到真實的自我，不要妄想抄生命中的捷徑，那麼魔就不會有什麼力量來操控你了。

16

什麼是地球元素？

譯者：Peng Wen Lin

在佛教的定義裡，地球上有五種元素，分別是金、木、水、火、土（我老公說在英文用語中我應該要用 earth「土地」取代 soil「泥土」，哈哈！我用 soil 取代 earth 是為了避免混淆地球和土地，但我想那還蠻有道理的，因為如果用 earth 的話就可以包括所有地底下的東西，包括石頭在內）。

佛教相信宇宙萬物都是由這五種元素組成，這也是許多亞洲人的信仰基礎。日本人甚至用這些元素加上日月來代表一周的七天。事實上，包含命盤、占星學、星座和算命也都是根據這五種元素來推算。當一個人身上的一種元素遠比其它元素多的時候，那麼他可能就會被歸類為那種元素特質的人。藉由研究大自然的所有元素，我們就可以根據人們身上帶有的主要元素，來推測或預算一個人的個性、潛能和未來大概會是什麼樣子。我們也可以藉由一個人身上的主要元素來分析他們為什麼不能跟另一個元素的人相處。

不過這並不是我們今天所要討論的話題 :P。

我要談的地球元素，是那些可以讓我們用來蒐集、儲存甚至運用能量的媒介。除了上述所提到的五種元素（金木水火土），我在學習的過程中，也發現光和空氣也是激發能量很好的媒介。我們每天都在毫不自覺地使用這些能量，或者說我們不知道自己有能力可以依照自己的喜好而改變它們的能量。

依據日本學者江本勝的研究，水中的結晶可以因為它的容器、貼上的標籤，甚至是我們的思想而改變。他說水的結晶在你重新標籤後的二十四小時會改變，為了證明他的理論，我決定利用自己的靈媒體質親自做實驗。

我為自己倒了一杯滿滿的開水，然後在杯子上貼了標籤，看看水的本質是否會因此改變。那杯水在一開始的時候給我些微振動的感覺（就像氣泡汽水一樣），接著有點像水燒開的振動，三個小時之後，我已經可以感受到水的本質完全地改變了。由於我對於這個結果感到十分的驚奇，於是我開始用許多方法在不同的媒介上做試驗，只為了知道還有哪些東西是可以讓人們作為媒介使用的。而我也是在那時候發現了光和空氣同樣也是媒介般的存在。我發現透過貼標籤的方法，人們需要花三小時的時間來改變水的本質。但若是運用意識能量的話，可能只需要花幾秒鐘就可以改變媒介的本質（我想那取決於你有多麼擅長使用意識的能量）。我也注意到，有的元素可以很快地就改變它的本質（像是光、空氣、火及水），而其它的元素則需要花更長的時間（例如礦物、石頭、木頭和土地）。我想這和靈魂本身是光的能量，而光對其他元素的影響程度不同有關。

當然，你可能會想知道為什麼你需要運用能量？

我之前的章節提過，人們會在不知不覺中使用這些自然元素。人體中有百分之七十是水，而另外百分之三十是我前面提到的那些元素。在宇宙中，只要你有一個想法，無論你有沒有說出口，那個想法都已經給予宇宙能量。所以如果我們活在一個覺得「自己不夠好」、「不夠漂亮」、「不夠聰明」，甚至是「沒有人愛我」的世界裡，那麼猜猜那些能量會怎麼循環？你所提供給宇宙的能量很可能已經在破壞著你體內的自然元素，並且老早就被自己吸收以及使用了。

所以如果你每天都為自己倒一杯水，並且相信那杯水會讓你漂亮／成功／被愛，那麼在你持續喝了一個月後，你就會開始感覺到變化。（記得，原先在你體內百分之七十的水，真的需要喝很多很多水來慢慢地取代它。）

我常常建議一個可以測試能量運用的方式。作為一個家庭主婦，我們常為家人下廚。但是我們不知道的是，在煮飯時，我們一次就運用了大部分的元素（有金屬、火、水、空氣、光和木頭等等的）。你的菜餚裡通常帶有你下廚時的能量，所以如果你懷抱怒氣煮這一餐，這個能量很可能立刻就反映到你的家人身上。你可能可以很快地從九個月內的嬰兒身上看到結果，他們會變得焦躁、肚子痛、難以安撫，甚至沒理由的哭鬧；至於九歲以內的小孩，在六小時內就會有反應，他們可能會胃痛、心情不好之類的；至於成人，通常則需要十二至二十四小時的時間。時間的差別則是依據每個人的敏感程度以及消化系統不同。

在吃了那一餐後，他們可能早上醒來頭痛、胃痛、心情不好或是不明原因感到沮喪。這個實驗的過程不只教會我要試著讓自己愉快地下廚，同時也讓我更留意在餐廳裡是什麼樣的人為我料理食物。

所以我想說的是，如果你開始為自己的思緒多注入一點覺知的話，那麼你就會漸漸地發覺讓自己變得更好的方法真的有很多。如果你還是相信你不夠好，那就從一杯讓你相信你夠好的水開始吧。持續喝上一個月，你應該就可以從自己身上發現轉變喔。

小記：

如果你對江本勝的研究有興趣，請上他的網站 www.masaru-emoto.net。

17

讓我們來討論能量吧

譯者：Peng Wen Lin

如同我先前提過的，靈魂是一種意識的能量存在。它的存在就猶如一盞燈的光源，而且它的能量會擴散到燈泡（身體）以外的地方。靈魂的射線範圍會因每個人對於生命規畫的不一樣而有所不同，而在靈魂的射線範圍內所感受到感覺也就是我們所說的「能量」。

如果從靈魂的角度來了解能量，你就會知道它並沒有所謂的好壞之分。舉例來說，藍色的光讓你感到寒冷，而黃色的光使你覺得溫暖，但是它們都有存在的必要，就像是靈魂為了不同的生命目的而存在一樣。有些能量在交錯時可以相處融洽，而有些則可能會彼此衝突。當能量彼此衝突時，人們可能會覺得那是「不好的能量」，因為那個人的能量無法與自己的能量配合，或是他們可能因為能量衝突而產生不好的感覺。（我這麼解釋並不是要叫你忽略它，因為你之所以會產生這樣的感覺是有原因的，當你覺得對方的頻率不好，那麼他或她在本性上很可能是無法和你共處的）我想說的是，你個人的偏好並不能定義一個靈魂的好壞，只是代表他們可能與你合不來。換句話說，某一個正面思考的人可能會認為一個負面思考的人充滿了壞的能量，但是另一個與他能場相同的人卻很可能對同樣的一個人有完全不一樣的感覺。說真的，咱們仔細想想吧。地球本身就有正負極。除非所有事物都達到平衡（我的意思是「所有的東西」喔），要不然這個世界就永遠需要正負極來幫助運轉。從靈魂的角度來看，這並沒有對錯，就只是單純的一個事實。

Sue 說大部分的人常在不自覺的情況下就能感受到能量，例如：人們走進一間房間時，便可以在對方都還沒有開口說話以前就感受到那個人是生氣還是難過。

關於這一點我補充說明，我們的能量並不是恆久不變的。它可能因為我們的心情、想法或是正在經歷的事情而有所改變。這跟人的靈氣是一樣的意思（見P.120〈什麼是靈氣？〉）這也就是說，透過意識的能量，你可以控制你的能量的擴散範圍，甚至能夠將能量引導至特定的人或地點上。通常當兩個能量在彼此的射線範圍交錯的時候（也就是你決定自己喜不喜歡這個能量的時候），如果那個人是你認識的人，在熟悉這個人的能場的情況之下，他／她很可能還沒出現在你眼前時就已經出現在你的腦子裡了。很多時候，人們會突然對特定的人浮現一個特別的想法，也許是翻畢業紀念冊時突然想到你的小學同學，或是照鏡子時突然想到要去剪頭髮。當你開始留意能量的運作之後，你可能會體驗到那個正在想自己的人突然無由來地出現在自己腦中，而這通常是一個人將他的意念投遞給你，然後落在你靈魂的雷達範圍內。如果你對你的能量有所覺知，那麼你可以感受到的那個特定時刻可能會遠比你想像中還多。最常見的就是當一個人正想著要打電話給你，在電話才剛響起的時候，你就已經知道是誰打來的了。

當然，不是每個人都可以如此敏感。雖然察覺能量的能力是我們與生俱來的，但是大多數的人都在成長過程中遺失了這樣的本能。因為我們習慣活在自己的邏輯性思考裡，藉此感受到那麼一點點控制權，而不是任由我們的感官隨興地去感受周遭的萬物。當你對一個慣性用理智思考的人投遞訊息時（或是一個習慣活在自己的故事裡，而不願和宇宙連結的人），他們可能很快就將自己收到的訊息置之不理，然後將它視為腦中隨機出現的想法。

你們應該可以逐漸看到，宇宙中有很多東西是以「覺知」做為基礎。在有覺知的狀況底下，開始為自己的言行舉止負責，那麼你也會跟著發現這宇宙中有許多資源可以供你使用。開始用心專注的時候，你就可以讓很多好事發生。學會感受自己的能量並與它共處，你也就會漸漸地了解你遠比自己想像的還更有力量喔。

18

思想的力量

譯者：Peng Wen Lin

我花了好長一段時間才了解到人類思想的力量有多麼強大。你們難道不曾懷疑如果魔的力量真的如此強大，那為什麼它們總是需要靠人類合作才能達到目的呢？又或者如果神明真的是造物者，那他們為什麼需要人來替他們說話或行動呢？我雖然不知道你們的想法是什麼，但這些問題卻是我在靈修旅程初期時很常出現在腦中的問題。

我的高等靈魂在我研究（或者該說是「應付」）魔的功課時，向我介紹了思想的力量。那時候她告訴我，如果我不想要吸引惡靈或是不好的能量，那心中就不要存有不好的想法。猜猜看當人們被要求「不要」想某件事時會發生什麼事？我們就會一直想著那件事！你愈努力試著不去想它，你就愈會想著它。所以當我的高等靈魂叫我不要有「任何」不好的想法時，那個所謂「不好的想法」便成為我腦子裡唯一想得到的事！說真的，在那時候，所有壞的想法都衝著我的腦袋而來，以致於我到最後甚至不知道該如何去定義「壞」這個字了。

而我的高等靈魂可能覺得上述的情況還不夠困擾我，她接著又開始讓我擁有「看見」別人思想的能力。我不確定我有沒有辦法正確地描述我所看見的景象，但那就像每個人都有不同顏色的雷射光線，從他們的頭散發出來並延伸到各地。而且這樣的情況不只發生在人類身上，包含植物、花朵、樹和動物等等都有，只要我所遇到的每個活體都有這樣的現象產生。一開始我不確定那是什麼，我花了一段時間才發現那是每個人都帶有的想法。那感覺像是一個想法一旦成形之後，那麼整個宇宙就會同時被告知一樣。（就像當我只是「想」給狗兒們一點餅乾吃，牠們往往在我還沒從沙發上站起來時，就已經興奮地搖著尾巴在等待了。）說實在的，剛開始知道這件事時，我真的嚇壞了，我的反應可能就像每個人心裡想的一樣：「什麼！那豈不代表我沒有任何隱私了嗎？那我們原本以為的那個『只要我們不說出口，就沒有人知道我們在想什麼』的世界呢？」

人類的自尊心讓我相信我的隱私不只重要，而且還是生存的必備品。直到我被我的高等靈魂強迫丟到那個充滿色彩的世界裡，我才發現自己是錯得徹底了。了解到我無法對宇宙隱藏任何事迫使我必須學會對自己誠實（那是一種反正我藏也藏不住又為什麼要隱藏的想法）。也因為無法隱瞞，所以我學會讓自己的行為與思想一致，我甚至學會和我的黑暗面共處。也透過這個過程，我慢慢地學會接受自己的存在，不管是好的還是壞的，對的還是錯的。也讓自己從那種覺得有必要保有隱私的迷思與習慣中得到解放。換句話說，我不再有任何需要隱瞞的事了。這個過程同時教會我在與別人交談時盡可能地專注於當下，因為我發現人們在與別人對話時，通常不會專注於當下，他們總是以假裝聆聽的姿態在神遊四方。

當我有了「我沒什麼好隱藏」的認知之後，我開始能夠去觀察人類的思想有多強大。人類的思想可以創造出很多我以前覺得根本不可能的事。還記得我在P.18 5.〈鬼是什麼？〉提過，有一種鬼不是真的鬼，但所作所為都像鬼嗎？它們就是由人類的思想所創造而成的（它們會依照你對它的期待來反應，但它們卻沒有自我意識來為自己做決定）。在多數亞洲的信仰中，有個詞彙叫「冤親債主」，人們認為自己上輩子沒有好好對待的人，這輩子會寸步不離地跟著自己，讓自己過得不順遂和痛苦。這個所謂的「冤親債主」也是透過人的思想餵養而成的。還有，一個房子的能量也是透過你的思想而形成。雖然我可以繼續舉出藉由人類思想形成的東西，但這顯然不是我現在要說的重點。

今天我想要強調的是，如果你意識到思想的力量有多強大，那麼你也應該要留意你是用什麼樣的思想來供給自己能量。在觀察人們思想的運行方式時，我發現每個人的腦後有種自我吸收的思想不斷地盤旋著。這個特殊的想法是我們每天在不知不覺中所餵養自己的能量。你曾看著一個身材窈窕的女人吃飯，然後馬上就聽到一個的聲音說「我連喝水都會胖」？或者你曾聽到一個聲音說「我沒那麼聰明，所以我最好閉嘴」？又或是「根本沒人想知道我要說的話」、

「沒人愛我」和「我不值得」？

那些聲音就是我發現每個人類身上都帶有的「對自己的想法」，那個永遠都不希望別人發現的秘密，還有可能永遠無法學會與之共處的黑暗面。這就是我希望你們去找出來的想法。一旦你找到那個句子，我希望你能夠學著顛覆那個句子。如果你發現那個在你後腦的聲音不斷地說「沒有人愛我」，那我希望你站在鏡子前面，每天大聲地說三次「我是被人愛的」，每次三遍。（記得，這個方法得要靠你大聲地將它說出來，而不只是默念才有用）沒有人比你更能替自己洗腦，透過視覺、發聲以及聽覺上的激勵，一段時間後，你就可以讓原本在你後腦喋喋不休的聲音由負轉正。當然，在開始嘗試的第一周你可能會感到彆扭甚至覺得愚蠢，但相信我吧，如果你持續做一個月，你將會從自己身上看到改變。我們都知道現實生活中有什麼東西可以毒害你的身體對吧？那與其用有毒的思想餵養靈魂，何不選擇用好的思想來供給靈魂能量呢？至少這個方法是免費的，而我唯一的要求只不過是要你每天對自己的靈魂說一些好話罷了。

除此之外，一定要好好想想這一點：沒有任何事情可以躲過宇宙的眼睛（真的，完全沒有！）一旦一個人的思想成形，宇宙就會知道（嗯，我想除了一些人類不會知道之外。畢竟我們太習慣活在社會的邏輯架構裡，而不願學著和宇宙連結）。我知道這個概念對你來說可能覺得爛透了，但相信我，你大概只會花三個月討厭這個事實，接著你很快就會發現當你可以誠實面對自我，你便可以從中得到解放。因為這一切才剛開始而已，在你想要練習吸引力法則之前，你最好先了解你的思想是多麼有力量，學會對它負責然後聰明的運用它，並且好好的善用它。

19

動機的力量

譯者：Peng Wen Lin

如同我在上一章所提過的，我們的思想比你想像的還要強大很多。它可以創造許多我們從來沒想過有可能發生的事物。當你開始留意你的思想有多強大之後，很快就會發現你的動機和思想一樣的重要。

動機是所有行動的源頭。透過動機的產生，我們會根據自己的行為模式和習慣來創造思想，進而產生行為。以前人們以為因果報應是根據一個人的行為所產生的結果。但我之前也談過，它是根據你的動機，而不是你的行為（嗯，也許行為占了些微的比例，這取決於你的行為到底有做得多麼過分。因為當我們的行為超過一定的範圍之後，你的動機就開始變得不單純了），動機與因果報應是息息相關的，也就是說，不管你丟出去的動機是什麼，你很可能會以相同或不同的方式再接收回來。如果你的動機是愛，你就會得到愛；如果你的動機是傷害，你就會受到傷害。

不幸的是，我們太習慣活在一個自以為可以隱藏所有事物，而且不開口就沒人知道的世界裡。這樣的想法不只讓我們無法對自己誠實，也會逐漸地將我們的動機埋得太深，導致我們不知道自己的動機（初衷）究竟是什麼。大部分的我們是帶著想要獲得報酬的動機去做事，而不是單純地只想要付出。那個想要獲得報酬的動機（不管是什麼形態或方式，例如愛、尊重或金錢），通常都會導致我們因此失去我們想要的那個東西，特別是當你知道因果報應是一個維持宇宙平衡的力量之後，那麼你應該也會了解「借來的總是要還」。因為你的動機在因果報應中占有十分重要的地位，而因果報應正是萬物運轉的基礎。

讓我舉一個例子來解釋更清楚一些：如果甲的動機是得到乙的愛，那麼甲可能會大費周章地用盡各種方式來告訴乙（雖然甲很可能根本就不愛乙），甲甚至會特別去買禮物、做點事情來討好乙。這樣的結果很可能不會讓甲得到乙的愛，反而會讓甲因為自己的動機而受到乙的傷害。畢竟甲一開始的動機是從乙身上得到東西，而不是付出愛。

你看喔，宇宙不是這樣運轉的。一個人的動機永遠不該與你「會得到什麼」有關，而是與你「真正想做」的事究竟是什麼有關。當你習慣思想的力量之後，你就能對自己更誠實。當你學會對自己誠實之後，你就會開始發現宇宙中沒有任何的動機是期待回報的付出。他們付出是單純地因為他們想付出，他們去愛是因為他們想要給予愛。所謂的報酬機制只存在於人類社會，只不過社會的邏輯思考方式讓我們說服自己說那是宇宙的運行方式。當一個人很清楚自己的動機，也了解在宇宙之下無所遁形的道理，那他們的行為就會慢慢地變得與動機一致。而當你的行為與動機一致的時候，你自然就能夠去除掉很多不必要的行為，因為那些行為往往浪費我們很多不必要的能量。

雖然我不是一個讀心者（看得到思想與解讀思想是兩件截然不同的事 :P），

不過我很擅長「閱讀動機」。當一個人的動機和行為不相符合，對我來說會產生衝突的能量，我將這個衝突的能量解讀為「說謊」，雖然我不在乎為什麼人們選擇對我說謊，有時候我甚至會假裝我不知道他們的動機是什麼，但我的孩子們可沒有這樣的特權。只要我發現他們的能量衝突時，我就會立刻糾正他們，為的是要訓練他們能夠更誠實的面對自我。藉由總是確認自己的動機，你之後才能學會留意自己的言行，並開始了解為什麼有些事情並沒有如你所願的發展。而且信不信由你，這也是一個讓你了解吸引力法則的事前準備。因為你不能在「不知道你真正要的是什麼」的情況下去要求宇宙給你東西，對吧？

動機是所有行為的源頭以及因果報應的基礎。這也是為什麼一旦你藉由誠實面對你的思想而增加靈魂的肌力之後，我會鼓勵你去衡量你的行為，而且不定時地檢查自己的動機。唯有當你的行為能夠代表你的動機時，你才能將吸引力法則發揮到最大值，然後活出你一直想要的人生。

既然我們今天的話題是「動機」，我也可以來談一談我與你們分享我所知道的一切的動機是什麼。

我的動機是助人，我知道這聽起來可能有點老套，但我的動機裡的確帶有一小塊自私的成分。

這個靈修旅程對我來說非常艱難，很多時候我感到徹底的無助和無用，並且真心地希望有人可以幫助我度過這一切。但外界的資訊對我來說太表面了，永遠無法滿足我內在那個充滿好奇的小孩。現在想想，就覺得自己大概想要放棄有一百多次，但卻總是有某種不知名的動力促使我繼續前進。人們有時會對我感到很沮喪，因為我看起來一副什麼都不在乎的樣子。光是我的老公就不知道建議我多少個可以幫助自我推銷的工具，並希望我可以利用我的網站來賺點錢，只不過直到今天我還是選擇忽視他。我向來不在乎有多少人喜歡／討厭我，追蹤／不追蹤我，也不在乎我是不是能藉此賺錢（如果我高價的收費與需要你熬夜才有辦法諮詢的工作時間還不夠明顯的話）。身為一個視覺設計師與市場行銷策劃，我很清楚地知道該如何推銷自己，只不過那完全不是我想要做的事。

因為了解這條路走得有多麼的辛苦，讓我不自覺地有想要幫助人的衝動。我想要去幫助那些像我一樣敏感，還有那些希望了解靈魂的世界但卻不得其門而入的人們。有時人們相信我是試著在幫助這個世界，不過說實在話，我並不是那樣的聖人，我從來都沒有動機想要去說服這個世界接受我所相信的事物。

只不過在我持續與大家分享我所知道的事物同時，我越來越清楚我真正希望幫助的對象究竟是誰。

我是一個靈媒媽媽，我發現我的兩個小孩也是同樣的體質。雖然他們現在可能無法感受到那些東西（因為這是成長的過程），但我知道他們的感覺有天會回到他們身上，就像我所經歷的一樣。我知道當他們需要幫忙時，我不會是他們求助的第一個人，而我只能希望他們有了解這一切的朋友可以幫助他們。不過說真的，我在跟誰開玩笑啊？除了親身體驗的人之外，根本沒有人真的了解那是什麼感受，不管人們多麼肯定他們能了解我們的感受，但在今日的世界裡，我們從Google上求助的次數，遠比我們向朋友或家人求助的次數多上太多了，你不覺得嗎？

這也是為什麼我想要做這件事，不管我的孩子們在未來選擇過什麼樣的生活，或選擇什麼宗教信仰，我希望自己所錄的影片、寫的文章可以成為他們的一種選擇。我會在還有記憶並好好活著的時候分享任何我所知道的事情，而不是等到有天我什麼都忘了，甚至是覺得日子不多的時候。你們應該都知道我們都有那個時刻，對吧？在我們長大到一定歲數的時候，會突然開始好奇自己的源頭，但有時一切都太晚了，因為我們所愛的人已經離世了。我希望對我的孩子們而言，我會是他們可以為自己做決定的一種選擇，更甚至是對他們的小孩而言。如果他們也剛好生出了敏感的小孩，我就會是一個選項，可以透過網路來向他們解釋我所知道的一切。嘿，有多少人可以透過視訊跟他們已經過世的祖母對話，並讓她們來回答問題的？我就超想成為這樣的一個祖母XD。

除此之外，就算我只能幫助這世界上的十個人好了，如果那十個人用他們自己的方式去幫助他們生活中的十個人，我想我小孩就已經活在一個更好的世界了。所以有天當我的小孩在面對生命中的困難，甚至是覺得找不到任何出口的時候，搞不好就會有這麼一個人出現在他們的生命裡頭，用他／她此刻從我這裡學到的知識去幫助他們，對吧？

所以我的確有助人的動機，但我的動機也的確帶有一點點自私的成分。我總是將我的孩子們放在心上。而這也是為什麼我常鼓勵人們去嘗試分享，就算他們覺得自己沒有什麼資訊是足以與世界分享的。沒錯，你可能沒有任何東西可以跟這個世界分享，但我相信你總是有什麼是可以與你的孩子分享的吧。畢竟，我們都希望可以將智慧傳承給下一代，不管那個智慧是什麼，不是嗎？

20

覺知的力量

譯者：Peng Wen Lin

「覺知」是進化的開端。如同我先前提過的，靈魂有自然進化的天性，在我們進化之前，我們要先對於自己是什麼以及即將進化成什麼有所覺知。如同一句俚語：「在你不知道問題是什麼的情況下，你無法解決問題」，而這就是「覺知」在進化中所扮演的重要角色。

在為客戶諮詢的過程中，我發現很多人不知道自己的問題是什麼，或者該說他們其實很清楚自己的問題是什麼，只是他們選擇不去處理。我們習慣生活在一個凡事都被隱藏、掩蓋，以及以他人為中心的世界裡，導致我們不只沒有辦法為自己的思想和動機（有時甚至是行為）負責，我們甚至不知道自己存在的價值究竟是什麼。我們總是急著去解決他人的問題，但卻很難去面對自己的問題。或許是因為解決別人的問題比較容易，以致於我們忽視處理自己問題的重要性。但如果你真的了解之前的章節，那你就會知道別人的問題根本完全與你無關。建立在獨立個體性的緣故，在你的觀念裡，那些感覺是問題的「問題」，很可能根本就不是那個人的問題。所以不管他們接受你的意見與否，都應該是他們自己的選擇才對。

每一個人的人生目的和功課不一樣，而輪迴這段旅程又是單獨為每個人量身設計的，我們自然沒有立場去評斷他人的對錯與好壞（我說過人們是自己最好與最壞的法官。既然沒有人逃得過因果報應，更不用說我們在進入白光之前還會先經過所謂的「地獄」，那麼審判對一個靈魂來說只不過是遲早的事罷了）。

我們對於「美好生活」的定義可能適用或不適用於其他人身上，以致於我們所設立的標準到頭來還是只適用在自己身上。我們來到這個世界是為了讓自己可以成為更好的靈魂，所以你對於好壞對錯的標準，往往只是為了讓你能夠走在屬於自己的正軌上，而不是用來評斷他人如何選擇他們的人生。當然，如果你可以遇到一個與你契合的人是件很幸運的事。但如果你遇到的人讓你抓狂的話，那麼你同時有選擇讓這樣的人從你的生命中離開的權力（不管他們跟你的關係是什麼。但就這件事來說，很可能就是你必須處理與面對的功課。而且當那個人與你的關係愈緊密，功課則會愈難）。我們在生命中只會吸引相似類型的人，你越懂得讓你不想要的人遠離你的生命，那麼你就越能吸引到你喜歡的人走進你的生命當中，甚至是將自己改變成你喜歡的樣子。

當然，人們可能會指出你有什麼問題。但如果你不覺得那對你來說是個問題，那這個問題很可能就不是你該擔心的事，而是對方的問題（只不過你也要知道，去留與否也同時會是他們的選擇。如果你希望人們尊重你的樣子，那麼你也應該給予他們相同的尊重才對）。如果某件事對你來說真的是個問題，那麼它在日後就會成為你生命中的阻礙而讓你察覺，接著你就必須為此做出改變。

大部分的人們都知道自己的問題是什麼，只是我們「比較喜歡」去幫別人處理他們的問題，因為那不會對我們造成任何的痛苦。我常聽別人說「我知道我很胖，但我就是無法抗拒食物」、「我知道我的房間很亂，但我就是太懶了」、「我知道我很情緒化，但就沒辦法啊」……諸如此類的話。事實上，任何接在「但是」後面的句子通常都是你不想處理問題的藉口。當然，如果我們完全不用為自己的人生做任何努力的話，日子可能會好過一點，但那真的可以讓我們對自己的感覺更好一點，抑或是可以幫助我們進化成更好的靈魂嗎？在亞洲人的信仰裡，你沒有完成的功課將成為你下輩子的功課（事實上它會永遠成為你的下一個功課，你甚至不必等到下輩子）。既然如此，又為什麼要浪費這輩子或是下輩子的時間都在做同樣的事情呢？我想說的是，當你開始為你的思想和行為負責的時候，那麼「覺知」就只是進化的開始。一旦人們對自己的言行舉止、行為後果有所覺知，那他們自然就會得到進化（改進自己）的機會。而當人們有機會可以讓自己前進到更好的未來時，又為什麼要停下自己的腳步呢？

覺知是靈魂進化之旅的第一站。所以與其讓任何藉口阻止你前進，不如現在就從身旁所有你需要著手的功課裡選一個最簡單的來做吧！只要記得：針對覺知所做的更好的改變，將會在你未來的人生中出現更好的成果。

我想解釋得更清楚一點：當我在提到「更好的自己」時，人們總是第一個想到他們的外表，以及如何讓自己的外表變更好看。但我想跟你們分享我所發現的：這個世界上最激勵人心的故事從來就跟那個人長得多好看無關，而是一個人在有所知覺之後，決定為他們自己的生命做出更好的改變有關。我們來到這個世界上可能沒辦法長得和明星一樣好看，但我們長這個樣子是有原因的。我們選擇這個特定的身體，來完成自己的人生目的，克服自己的功課，並遇見我們的靈魂伴侶（是的，你可能會很驚訝自己選擇了多少特質來投胎，目的就是為了讓你遇見那個靈魂伴侶。很多你不喜歡自己的那個部位，有時可能是你靈魂伴侶的最愛）。所以與其羨慕那些根本就不是屬於你的人，倒不如多花一點時間與自己相處，學著感激自己的存在並肯定自己存在的價值。

當你了解這世界上的所有事是如何相互連結的時候，你將會開始感激你為什麼是以你現在的樣子存在。所以當我們知道自己在某件事物上可以做得更好時，千萬不要讓任何藉口讓你停下腳步。選一個功課來踏出自己的第一步，一次一小步的持續前進著，相信你很快就能從自己的身上看到成果。當你感謝為自己做的一切時，那個獎勵將會遠大於這個世界任何人所能給你的：）。

21

讓我們呼吸吧

譯者：Peng Wen Lin

愛因斯坦曾說過：「如果你不能簡單地解釋一件事，那就代表你不夠了解它；如果你無法解釋一件事給一個六歲小孩聽，你就不了解那件事。」

我很高興自己在早期的靈修旅程中接觸到這句話，它變成我一切所學的基礎，也讓我明白了除非我對於事物能有徹底了解，否則很難用簡單的方式來說明一件複雜的事情。這也是為什麼你很少聽到我使用艱難或是靈學的字彙，來解釋我所知道的事。或許也感謝我的子女們在那段過程裡很順便地成了我可以解釋各種觀念的聆聽對象，讓我可以實際地去實驗，自己是不是可以把一件很複雜的事解釋給一個六歲的小孩理解。

現在，讓我們呼吸吧……

呼吸的方法是我一個對宗教很「虔誠」的阿姨教我的。那個時候她告訴我「呼吸」就是從鼻子吸氣，然後用嘴巴吐氣愈長愈好（比較適當的比例是一比三，呼氣要比吸氣花三倍長的時間。但之後我發現透過腦子數二十～二十五的速度是最能夠淨化體內情緒的）一開始我並不確定這樣呼吸目的是什麼，也沒注意到呼吸後的改變。直到我開始協助客戶回溯前世今生時，我才發現呼吸的方法有多麼的重要。

為了讓諮詢的客戶可以到達「清楚看到上輩子發生的事件」的境界，我必須先讓他們的思緒清晰，回到靈魂最中立存在的狀態。或許是因為我自己並不喜歡那種失控的感覺，所以我自然也不喜歡將別人放到一個他們無法控制的境界。透過高靈的指導，我清楚地知道催眠並不需要當事人失去所有的控制力，而是協助他們進入到靈魂最中立的點（比較像是人們半夢半醒的狀況），在不受邏輯的強烈影響之下，人們比較有辦法進入到他們靈魂的資料庫裡。為了讓他們到達那樣的狀態，我開始學會利用呼吸來協助他們清理自己的思緒。

長時間以來，我一直以為是我們的思想和頭腦讓我們無法達到那個單純存在的境界。後來我才發現干擾我們最多的不是我們的思想，而是我們長久以來累積的情緒。我們傾向將所有的情緒累積在我們的軀幹附近。有的人會累積在心臟附近，有的人則會將情緒儲存在他們的胃裡。對那些習慣將情緒累積在胃的人來說，當他們有情緒時，很可能會用「吃」來安撫自己。但如果人們沒有學會如何釋放累積在自己身體中的情緒，那些長期堵塞的情緒最後可能會發展成癌症或腫瘤，關於這點我日後會解釋。

如果你有時間的話，我建議你做幾次呼吸的練習並感受這其中的差別。雖然我們相信呼吸是人類的本能，但我們通常只用鼻子呼吸（也就是鼻子進鼻子出的方法）。我不是說這個方法是錯的，但那只會給我們足夠活著的氧氣，卻無法幫助我們清理內在的情緒。現在試著閉上你的眼睛，然後從鼻子呼吸，你應該可以感覺到進出鼻子的能量有多麼地輕盈，以及它是如何輕易地透過你的鼻子進出。而那正是你可以用來充滿你的身體的新鮮能量。現在再用你的鼻子深深吸一口氣，然後用你的嘴巴吐氣，這時候你應該可以感受到從嘴巴吐出來的空氣似乎重了一點，那個就是我們該藉由規律的呼吸來過濾掉的能量。現在再試著用你的鼻子吸氣，然後試著用愈久愈好的時間從嘴巴吐氣（個人實驗的理想速度是用腦子從一數到二十到二十五左右）。當你吐氣吐得愈慢，你就愈可以感受到胸腔傳來的抗拒感，而那就是人們習慣儲藏在軀幹裡很難排出體外的情緒。以我的視覺來形容的話，新鮮的能量從你的鼻子進入後會直接先經過你的大腦，然後下傳到四肢，最後從你的底盤開始慢慢地經由腹部、胸口、喉間然後出來。能量在這個過程會依照每個人的情緒不同由白色而慢慢地轉變成灰色被吐出。（情緒積很多的人，有時候被過濾的能量會是黑色的喔！）

我鼓勵你們每天練習呼吸至少三次。你可以在任何你想要的時候練習，不論是在煮飯、開車或走路。但最好的練習時間建議是在你睡覺前。透過練習呼吸可以幫助你清空一整天下來累積的思緒，並協助你睡一場好覺。它特別是可以幫助那些對靜坐、自我療癒甚至自我催眠有興趣的人們。當你生氣、沮喪、難過、感到挫折或是害怕時，你都可以練習呼吸。它可以幫助你在行動前稍微讓自己鎮定下來，避免衝動誤事（你知道的，就是那個你單純只是想要說一些話來傷害對方的時候）。當你愈來愈熟練的時候，你就會發覺到要找到那個可以讓自己內心平靜的境界是件多麼容易的事了。

所以，讓我們呼吸吧，用一些新鮮的能量來取代所有在你體內沉重的情緒能量。不要只是為了氧氣而呼吸，也要記得讓自己好好地利用那些新鮮的能量。這個呼吸的方法幫助我度過許多生命裡的難關，而我相信它也絕對可以幫助到你們。

22

風水
（Feng Shui）

譯者：Peng Wen Lin

風水指的是你房子的方位、家具擺放的位置與家裡的布置可能為你帶來好運和順化你的能量的概念。雖然在西方國家，風水對人們來說是個比較新的概念，但在亞洲卻是一個很普遍的觀念。從小我們就從父母那裡學到一些風水的觀念，而且社會上也有許多電視節目將風水視為日常的話題來討論。甚至還有風水師可以到你家測量和教你如何擺放家具，為了讓你盡可能透過各種方式來得到最好的運勢。身為一個亞洲人，我也像每個亞洲社會裡的人一樣，試過最普遍的風水擺設來看看它的效果到底如何。一直到我了解地球的元素以及能量如何流動之後，我才發現風水其實不只是家具擺放的位置，有很大一部分是受到思想的力量所影響。

雖然思想的力量才是關鍵，但能量如何在你的家裡流動絕對會為你建立一個好的基礎。我不是風水師，沒有要教你們如何擺放家具來增加好運，但我倒是知道你如何在不知道東西要擺哪的情況下，讓能量能更順暢的流動。當然，如果你們想要更專業的建議，我相信絕對有更專業的風水師可以回答你們的種種問題。然而今天我只是依照我個人的觀察與經驗和大家做個分享。

你們曾經想過為什麼風水叫風水嗎？我就是那個不斷地以各個角度去思考為什麼「風水」會被稱做為「風水」的人。在中文裡，風水是由「風」和「水」這兩字所組成。而直到我真的能夠看到大部分的能量是如何運作與流動之後，我才真正地了解為什麼「風水」影射著我們家具擺放的位置來影響能量的流動。風和水都有它們各自流動的方式，水往下流而且流經裂縫，而風則是持續不斷地尋找出口，這兩種能量都需要循環，否則它們就會成為死的能量。學習基礎的風水，你只需要把自己想像成在你房子裡流動的風或水就行了。你要的是在你的房子裡創造出順暢且流動自然的能量。所以如果家裡有個書櫃或沙發總是擋到你的路，或是有某個東西老是撞到你的頭，那麼你可能就應該把它移走。你是要讓能量在家中流動順暢，而不是製造出能量會滯留的死角。之前我們談過元素的概念，你應該可以將這個概念融合到風水裡來製造家中的平衡。所以如果你的房間太暗，你可以加一些燈來增加光元素。如果太過於樸素，你也許可以放一些植物來增加木和土的元素。你不需要一口氣增加所有的元素，因為在我的經驗裡，大部分的人只需要一些點綴便可以達到平衡（嗯，這也是依每個人的需求而定，有些人可能偏好某一種元素勝於其它元素）。

但是要記得，「維持平衡」才是關鍵。目的是為了確保傢俱擺放的位置可以使能量流動順暢，而且能量從一個房間流到另一個房間也沒有阻礙。如果你有太多的雜物，那麼你最好清理一些丟掉。我不是要建議你們的房子必須打掃得一塵不染，但它應該是舒適而溫馨的。畢竟，房子應該是你修身養性的所在，而不該是個在你忙碌的生活中還讓你感覺到壓力的地方。

如果你的家裡太大或太亂，而你不知道從哪裡著手整理起，那麼有三個房間你可以先列入考慮。在亞洲，我們相信特定的房間能夠控制你身上某部分的能量。我一開始其實不知道為什麼這些房間與我們的能量有所連結，但經過多年的觀察和實驗，我可以很肯定地告訴你，這絕對與你如何打理自己的房間有關。（我想這是因為能量在你屋裡流動的動向就等同能量在人體體內流動的動向一樣。這也就是說，當我們的意識將身體當作掌控範圍時，我們的靈魂射線通常會擴大到人們的生活空間裡頭。）

一般而言，客廳掌管你的運勢，以及你的事情進行得流暢與否。在國外，一棟房子裡有兩間客廳是很正常的事，通常一個是一般招待客人的客廳，而另一個則是家人休閒用的小客廳。而一家人的運勢能量通常取決於你與家人最常待的地方。所以如果你們最常待在家人共用的小客廳，那麼那個房間就會是你凝聚家裡運勢能量的地方。因此這個房間最好有充足的光線，新鮮的空氣流通，並讓人感覺到活躍的生氣。最好不要有太多的雜物，也不要顯得過度的空盪。只要想像一下你希望自己的生活是怎麼運作的，不但要有組織性以及功能性之外，也要舒適而順暢。

臥房則攸關你的健康。因為我們每天要花八小時在這個房間裡為自己充電。你應該會希望這個房間給你平靜而舒適的感覺。我常常跟我的孩子們說，他們的房間代表他們內在的狀態。如果它很亂，那就代表你內在有一些你忽略而不願處理的問題堆積。我們都知道要面對自己的問題並不是一件容易的事。所以與其急著處理它，我通常會建議客戶從自己的房間開始整理起。因為我們的內在與外在終究會找到彼此的平衡點。藉由漸進式的整理房間，人們也會逐漸找回勇氣和安詳的內在，進而去處理自己的問題。你會希望這個房間寧靜而溫暖，就像你希望你的身體和心理也可以有這樣的感覺。

廚房則與財富的能量有關，這個空間不適合太空或太乾淨。相反地，它可以有一點「滿」的感覺（但不是凌亂）。那種「滿」的感覺有點像秋天時空氣裡的味道，那種如同你在感恩節時體驗到的豐收感。廚房也是與你的胃息息相關的空間，你想要感受到飽足，而不是太撐，也不是空虛。你想要這個空間有你需要的一切，但也不是滿到你沒辦法找到你要的東西的雜亂。

所以如果你對風水有興趣，把自己想像成風和水快速地在家中走動一次，然後將擋到自己動線的家具移開。你希望能量順暢地流動，而不是老是被困住。

除此之外，考慮為家裡增加一點光或植物來增加感覺的平衡，然後避免任何會滯留能量的死角。有裝飾很好，但避免太雜亂。如果一整間房子需要改變的太多，那就從以上提到的任何一個房間著手，選一個現階段對你來說最重要的房間，從那間開始整理。一旦你開始嘗試，很快就能看到它所帶來的影響。只是要提醒大家，這不會是轉眼間就會看到的改變，既然我們的靈魂需要時間來取代能量，我猜如果你持續去做，大概一個月後就可以看到一點變化了喔。

23

安全泡泡（Safety Bubble）

譯者：Peng Wen Lin

對於像我這種老是會從各種次元和頻道接收到訊息的人來說，為了保護自己，我很習慣關閉自己的頻道或是將外在的訊息阻隔在外。我一直都以為那是每個人都會的技能，直到我認識一個朋友之後，我才知道原來不是每個人都懂得這樣保護自己，避免受到他人的情緒和能量影響。當然，如果面對的是與我們情感深厚的家人或朋友，情感上要將他們阻絕在外是有一定的難度。但這裡我是針對一般人，那些你平常偶然遇到或是日常生活中會遇到的人。說真的，即便在生活中遇到那些會讓我們大翻白眼的人，但我們的內在還是會不自覺地去承受他們所投射過來的情緒和能量。畢竟透過分享情緒來找到彼此共通的連結是靈魂的本能之一。也因此，我們很容易不自覺地去接收他人的能量和感覺。

安全泡泡是我和朋友發明的名詞。這個意思是說，你可以把自己放入一個像泡泡的空間裡，然後保護自己不被別人的情緒干擾。你可以用想像力建立這樣的防護罩。當然，可能還有很多人沒有完全了解什麼是思想的力量，但如果我要你去想像一隻獨角獸，你一定可以辦到，對吧？想像力就是廣義的「思想的力量」，當你可以想像一隻獨角獸，你應該也可以為自己想像一個安全泡泡。

為自己打造一個安全泡泡很簡單，在你熟練之後可能只需要花幾秒鐘。首先，做幾次深呼吸讓自己鎮定下來（如同我在P.102〈21.讓我們呼吸吧〉教你們的方法），然後想像一個防護罩從你的頭開始逐漸延伸到你的腳下，你可以依照這個防護罩要對付誰或是自己的喜好來決定它的材質。但要記得不同材質的防護罩對能量的反應就和它們在現實世界裡的反應是一樣的。在直播中，我的朋友舉了一些例子，像是金屬的防護罩外層再加上鏡子，它就可以將能量反射給散發能量的人，還有如棉花般粉紅糖果色的防護罩可以軟化她那正值叛逆期的女兒的誇大情緒化能量。我有時候喜歡將人們放在他們自己的回音房中，最後他們就會接收自己發出的能量（但記得如果你想要對方「聽」到你説的話，那這個方法對你來説有時可能不大管用。但它對你完全不在乎的人倒是挺有效的）。至於大部分的時候，如同影集〈蒼穹下〉裡的透明防護罩也很有用喔，它可以讓你與外面的人互動，又可以將那些人的能量阻隔在外。

在很多情況下，你可以隨時啟動你的選擇性聽力和放空的能力來保護自己。你甚至可以選擇走開或是讓這個人遠離你的生命。但當你被困在一個處境裡卻沒辦法轉身離開時，「安全泡泡」就可以派上用場了。

打造安全泡泡可能無法幫助你脱離那個情況，但它應該可以幫助你在情緒不被嚴重影響的情況下去應付那個處境。對於已經了解能量如何運作的你們來説，能夠照顧好自己並遠離攻擊性和穿透性的情緒是很重要的事。對於一些初學者而言，在打造安全泡泡之後，你可能會覺得有點頭暈或口渴（嗯，思想的力量的確是需要時間才能熟能生巧的，而能量的運用也要看「你應付的對象是誰」以及「你要跟那個人相處多久」而定），喝一杯溫開水並休息一下，應該可以很快地讓你回到原本的狀態。

24

讓我們來討論「氣」吧

譯者：Peng Wen Lin

「氣」在中文裡的意思是「空氣」。既然「風水」指的是風和水如何在你的房子裡流轉，「氣」指的就是空氣如何在你的身體裡流動。如同先前提到的，當我們的意識將身體當作掌控範圍時，我們的靈魂射線通常會擴大到人們的生活空間（通常是你的家）。這也是為什麼我會說風水影響著你個人的能量運轉。

當你多練習幾次呼吸的方法後，你可能會開始注意到能量和氣流如何在你的身體裡流動，有很多客戶會詢問我關於他們的身體病痛。在查看他們未來可能得到的病痛之前，我通常會快速地檢查他們體內的氣流走向，看看是不是有潛在的疾病或是已經存在的問題。有的人身體裡的氣流動順暢，他們可能只會有偶發性的不舒服，不太可能演變成重大的疾病。但如果氣流容易滯留在頭部，那個人可能容易想太多，之後也許會導致癌症或頭部相關的疾病，而氣流容易滯留在心臟和胃部的人也是同樣的道理。健康的氣會在身體裡順暢的循環，而不會有滯留的情況，就如同你家中的擺設也應該讓能量可以流動順暢一樣。

通常我們從別人身上感受到的氣場，大多被歸類為「能量」，所以當我談到「氣」的時候，人們常認為那是能量的另一種說法。但我會說「能量」在靈魂狀況下比較像電力瓦數（我說過靈魂就像是光的能量），而「氣」則比較像氣流。

我們最後會發現我們的身體與地球元素有多麼緊密的關聯性。我們都知道人類身體裡有百分之七十是水，那麼空氣應該就是身體裡第二重要的元素。水可以依據不同的環境而變得很和緩或強勁，空氣也是一樣的道理。透過思想和動機的力量，一個人可以引導身體裡的氣流專注在特定部位或是他人身上，甚至影響自身周遭的氣場。這也是為什麼會有根據操縱「氣」而形成的武術。我不是要教大家成為氣功大師，但對於我們這樣的一般人而言，當你想要檢查自己的健康而去檢視自身的能量流動時，了解「氣」的存在與運轉模式就會很有幫助，之後你甚至可以擴大到運用「氣」來創造一個讓你舒服的環境。

雖然「氣」是一個在亞洲普遍出現的名詞，但在西方也有許多療法是透過「氣」來進行。以「靈氣療法」為例，這是一種透過「氣」和「動機的力量」來療癒別人的方法。但我還是建議你們，如果治療師在療程開始前沒有理清他／她的思緒，他／她的感覺和情緒可能會傳給被治療的人（如果你是治療師，要稍微留意你的思緒，如果你不是，那就慎選你的治療師吧。）

總之，「氣」基本上就是指「空氣」，也就是空氣如何在你體內和周遭流動，進而製造出一種你身邊的人可以感受到的氛圍。思想的力量可以操縱「氣」，透過練習呼吸，你可能會開始對空氣如何在體內和周遭流動有所覺知。一旦你開始對空氣的流動有所覺知之後，你可以試著練習運用思想的力量（在這個情況下，只要保持專注和集中就可以了）然後引導那些氣流聚集在你的掌心，感受它們所帶來的熱氣。那會是你學會控制身體裡的「氣」的第一堂課。

25

什麼是靈氣（Aura）？

譯者：Peng Wen Lin

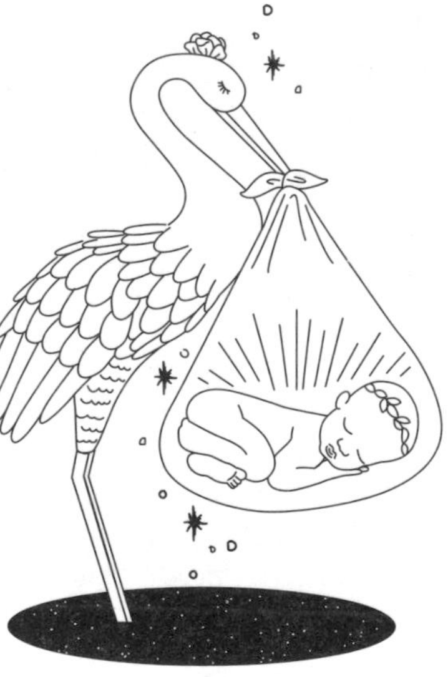

如果我可以將靈魂的影響力用更清楚的方式來解釋的話，以下是我會用來解釋人們廣泛形容為「能量」的細節。我曾說過靈魂是一種光能量的意識存在，其中包含核心點（意識中心點）以及它的輻射範圍。在這個輻射範圍內，靈魂能夠透過許多的方法來影響其它生物。首先是「能量」，它就像靈魂裡的電力瓦數，它的輻射範圍多廣全是依靈魂的良好狀況來決定。其次是「氣」，也就是在靈魂周遭流動的氣流。再來就是「靈氣」，這是屬於是靈魂的顏色。最後則是「脈輪」，這則屬於靈魂的振動。

之前的文章裡介紹過「地球的元素」，了解宇宙裡所有的東西都是由這些元素組成之後，接下來我們可以運用它們來對照靈氣的顏色。我所提供的靈氣顏色並不是絕對的標準答案，但可以提供你們一個大略的概念做為參考：

金＝橘色＝創造力、反省
木＝綠色＝點子、方向、療癒
水＝藍色＝彈性、力量
火＝紅色＝熱情、動力
土＝黃色＝務實、穩定

還有，當一個人在追尋靈魂成長時，他周圍的能場會呈現「紫色」。「粉紅色」則是一個人充滿愛時會有的顏色（也就是比熱情再柔和一點的能量）。

「黑色」是當一個人身上帶有太多無法排解的情緒時所呈現的顏色。而「白色」則是當人們對自己不信任或懷疑時，或是那種感覺腳著不了地的不切實感所產生的顏色。不過清澈的「白色」有時也可以代表一個人正處在進化的階段。

靈氣的顏色通常也與自然界的元素特質相符。當一個人的靈氣裡帶有比較多的藍色時，他／她通常比較溫和而有彈性。另一方面，如果是靈氣裡帶有比較多紅色的人，通常比較熱情與積極。

每個人這輩子的靈氣都不會只有一種顏色，靈氣的顏色通常會根據靈魂現階段所經歷的事情而有所改變。而一般人的身上也不會只帶有一種顏色，他們的靈氣通常有各種顏色，只是其中一種顏色會依據他們當下的狀態而比其它顏色占較高的比例。這也就是說，當一個人對生命充滿熱情的時候，他的靈氣中，「紅色」所占的比例可能會比其它顏色高，而當那個人之後找到施展熱情的方向時，靈氣的顏色可能會轉變成比較偏綠色。

既然靈氣的顏色會隨著時間而轉變（以我為例，它可能在一天之內就改變了好幾次），我自然不會覺得人們有必要去知道自己靈氣的顏色。但我在這裡可以提供給各位一個小撇步，以供那些有興趣想知道自己靈氣顏色的人做為參考。你曾經注意自己在某段時間對某個顏色特別著迷嗎？雖然有時候，那個顏色可能根本不是你喜歡的顏色，但基於某些原因你就是會被它吸引，或者是它們對你來說變得特別顯眼？嗯，這就是靈魂運作的方式。我們的靈魂總是會被它需要的事物所吸引。當你逐漸熟悉如何運用你的感官，呼吸與氣流之後，你感受顏色的能力也會變得敏銳。如果你發現自己對某種顏色特別著迷，或是某種顏色特別容易吸引你的目光，那麼這個顏色很可能就是你靈魂現階段最需要的，為了用來平衡你的靈氣。

為了幫助一個人理清自己的靈氣，我通常會給他們水晶。人們總是相信比較大的水晶相對會有比較好的能量。但我發現有時候太大的水晶可能會一次製造太多的能量而造成那個人本身的能量負擔，甚至會和住在一起的人產生能量衝突。所以與其去買一個最大的水晶來搭配你的靈氣，你只需要一個花生大小，甚至是稻米大小的水晶，它就能發揮功效了。你可以把它放在你的錢包、口袋，甚至就放在可裝東西的項鍊裡，那種來自土壤又不誇大的穩定力量，就可以為你的靈氣帶來持續而平穩的轉變，而不會影響到別人。（以稻米大小的水晶為例，一般需要約莫三個月左右的時間來改變整個能場。而以二．五公分大小的

水晶為例，則需要約莫一個月左右的時間喔）

但水晶不是唯一一種可以幫助你平衡靈氣的方法。你可以透過你的居住空間、衣服和配飾來調和顏色，那些你日常生活所看見的顏色也可以幫助你平衡靈氣的顏色喔！（至於我呢，我喜歡不同顏色的T恤來配合我當天的能場）當然囉，還有像是「靜坐」、「呼吸」等，很多的方法都可以幫助你平衡你的能量。所以如果你對平衡自己的靈氣有興趣的話，那麼就留意一下自己會被什麼顏色吸引，那很可能就是你現在最需要的顏色喔！

26

什麼是「脈輪」（Chakra）？

譯者：Peng Wen Lin

我真的不認為自己是一個靈性崇高的人。我不走禪修那一套，不靜坐，也不是個素食者。我在心情低落的時候會罵髒話，而且大部分周遭的人甚至不知道我是個靈媒。我不會老是把靈性的字眼掛在嘴邊，在平常的時候我甚至不會談論那些一般人看不到或不知道的東西。大部分的時候我會關閉所有的頻道，讓自己可以像普通人一樣生活，但若是朋友對宇宙萬物有任何的好奇，在我的能力範圍之內，我還是會盡力地回答。靈魂的世界是我生活的一部分，也是宇宙的一部分，而不是我需要特意標榜自己，抑或是讓自己變得不同的世界。對我來說，靈魂的世界就像呼吸一樣是生活的一部分，與我所做的其它事情並沒什麼不同。

常常有人來問我如何增加靈性。在臺灣，人們相信增加靈性的方法是為神明奉獻、成為素食者、誦經祈福、皈依宗教，去幫助別人和研讀宗教經典……等諸如此類的。對我來說，我相信唯一一個可以增進人們靈性的方法，就是踏實的生活。去跟別人聊天，和人們相處，甚至是跟別人吵架；因為透過踏實的生活，我們才會成長。經由生命中好事和壞事的發生，我們才可以得到知識和經驗去進化成更好的靈魂。作為一個靈魂，我們不會為了幫別人做事而規畫自己的人生、選擇這個身體，我們來到這個世界上是為了過一個為自己規畫的人生，而經過錯誤和困難，我們得以讓自己成長為更好的靈魂。所以對於大部分的人問我是不是個靈性的人，我的回答是：不，我不是一個靈性的人。因為靈性就在我們每個人的身體裡，它只是我的一部分，但它並無法定義我這個人。

當人們把深奧的名詞掛在嘴上，卻不知道那個名詞是什麼意思，你們不覺得是件很討厭的事嗎？至少我就會這麼覺得。既然我說過自己不認為靈媒體質是什麼需要特別張揚的能力，我自然會常遇到急著來向我證明他們有什麼能力的靈媒。可惜大部分的時候，他們讓我感覺到自身的困惑遠大過於他們對那些特別單字的理解。在北美，靈媒並不是隨處可見的。但在臺灣，我幾乎認為每三個人裡面就有一個人是靈媒（而這很可能跟亞洲人不忌諱將靈性話題掛在嘴邊有關）。

我第一次聽到「脈輪」這個名詞，是在我經過一間百貨公司裡舉辦的靈媒博覽會的時候。那個時候有一個靈媒主動跟我說我有不好的「脈輪」，當我問她為什麼知道，她很驕傲地跟我說她看得到。「你看得到脈輪？」我問她。接著她開始解釋她看到了我的脈輪是什麼顏色，以及什麼形狀。說真的，當時的我真心覺得她是不是嗑了什麼藥，因為對於一個自覺得什麼都看得到的我來說，我並沒有看到她描述得天花亂墜的事情。

「脈輪」這個詞來自於梵文，我想那應該是古印度文。當我第一次聽到這個名詞時，人們說那是只存在靈魂而不存在於肉身的東西。隨著愈來愈多人想要深入了解脈輪，我甚至還有一些朋友去上了全套的脈輪課程時，「脈輪」這兩個字便開始引起我的高度注意力，我開始研究，想要了解「脈輪」到底是什麼。

脈輪只存在於有靈魂的身體裡。也就是說，我從沒看過任何的靈魂：鬼、魔或天使有脈輪，這同時也表示，不只人類有脈輪，只要有「會移動的身體」的生物都有脈輪。

人們認為身體裡總共有七個脈輪，從頭頂開始，到額頭中央，喉嚨，心臟，胃，肚臍和會陰。基本上就是從你的頭到生殖器的一條直線。脈輪沒有顏色，至少在我的眼裡它們什麼顏色也沒有。我看過很多有顏色的東西，但脈輪絕對不是其中之一。我想人們為脈輪加入色彩是為了比較方便區分與辯識。脈輪是一種振動的存在，我花了好一段時間才發現那樣的振動是靈魂與肉身連結的方式。好的，如果我們都可以短暫地假想自己是個科學家的話，我們就會知道宇宙萬物都是由振動所創造出來的。那麼脈輪就是靈魂為了要能夠完全運用這個身體而需要與肉身連結的關鍵點。至於為什麼是這幾個點呢？我希望在之後的直播我有機會再跟大家解釋。就現在來說，那些脈輪對我而言是靈魂與肉身連結的關鍵點，而這些重點部位會製造一種振頻，像水滴的漣漪效應一樣的振動，而靈魂與身體就是透過這種方式來達到彼此的連結與平衡。

既然「脈輪」是一種振動的存在，這也代表著它也可以被振動影響。在這種情況下，那個振動便是「聲音」。你有注意到人們喜歡老是喜歡說「嗡」嗎？我其實不是很確定為什麼突然之間大家老喜歡把「嗡」掛在嘴上，但我發現每當有人明明腦子壓力很大卻還是愛說「嗡」而讓自己看起來很禪定的樣子時，他們所發出來的那個「嗡」音就會讓我感到頭痛。「嗡」最初是來自梵語的六字箴言「嗡嘛呢叭咪吽」，在我研究這句梵語的過程中（臺灣人用這句梵語來驅離惡靈，所以他們很常說這句話，我也會在未來的直播再談到）我很驚訝地注意到那句話會和我們的脈輪產生共鳴。伴隨你的動機與你發出的聲音，它先跟你的脈輪產生共鳴，接著向宇宙發出一種擴散振動。我也是在這個時候才意識到靈魂除了語言以外有許多的方法可以和宇宙溝通。

當你發出「嗡」的聲音時，會先從位於你額頭的脈輪開始產生共鳴，雖然「嗡嘛呢叭咪吽」只有六個字，每個字都可以與一個脈輪產生共鳴，當它完成一個完整的循環之後，它就會創造出一個新的振動頻率，也就是你頭頂的脈輪，這也是為什麼人們相信頭頂的脈輪會打開你的靈性。

所以如果簡化解釋「脈輪」的意思，我會說：「脈輪」是一個你的靈魂與身體彼此連結的關鍵點。它是一種振動的存在，好的連結可以產生好的振動（因此，你有時會看到人們使用靈擺來測量你的脈輪健不健康），然後透過完整的循環後會打開你頭頂的脈輪。「脈輪」可以透過好的連結和好的動機來得到平衡，它不只是我們的靈魂與身體連結的方式，它同時也可以是我們用來跟宇宙溝通的一種方式。

27

詛咒的效應
(The Effect of Cursing)

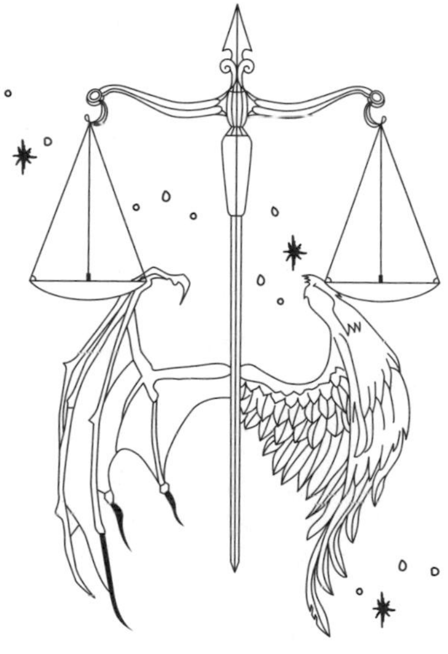

譯者：Peng Wen Lin

昨天有一個客戶來找我諮詢，因為她剛發現結婚多年的老公背著她偷吃。這個諮詢的療程花了很多的時間，也讓我思考了幾件事。

首先，我發現我真的不相信「外遇」這件事。我不是覺得所有的婚姻都要永遠幸福美滿，也不是說所有夫妻的下半輩子都只能愛他們的另一半。但我支持的是「道德誠信」。畢竟我們都知道不是每一段感情都能如自己所願的發展，尤其是沒有人在為這段感情努力，只是期望它可以維持下去時，那這段感情要結束也只是遲早的事。但我想如果我處在一段感情中，而我的心已經開始投注在另一個人身上的時候，那麼至少我該有基本的道德誠信讓對方知道。這樣他可以在另一段感情發展到更深入的階段時，選擇有尊嚴地離開我，或是留下來和我一起解決問題。但不管怎麼樣，那也應該是他的選擇才對。

我也不相信「只要外遇一次，就一輩子都會外遇」的觀念。但如果在婚姻裡的信任受到破壞，這個陰影就會一直籠罩著這段感情，如果兩個人還是回到之前的模式，而不願意去找到解決問題的方法，或是重新建立新的信任的話，那麼同樣的事就可能很快又會再發生。其次，我發現當一段感情行不通的時候，女人其實非常容易責怪自己。最常見的問題是質疑「為什麼這件事會發生在自己身上？」「是不是自己做錯了什麼？」「是不是自己不夠好？」之類。如果你真的了解我過去所說的，你應該開始發現所有事情都是為了進化而發生的。所以為什麼這件事發生在你身上？這很可能是因為你的靈魂在找機會成長，這件事只是為了強迫你踏出舒適圈並跨出進化的一小步罷了。所以不要讓發生在自己身上的事情來定義你，而是從中學習，充分運用它，一旦你學到你必須學的東西，同樣的事就不會再發生了。所以與其質疑「為什麼這件事發生在自己身上」（而且這也是一種你向宇宙下指令的方式），開始問問你自己「我需要從這件事中學到什麼？」這樣的認知通常會讓你好過一點，日後你也會感激這件事情之所以這麼發生絕對有它的原因存在。

悲慘／憂鬱終結日

你曾經注意到有些人的苦難永遠不會結束嗎？「為什麼我這麼不幸、悲慘、可憐」……之類的？如果你了解思想的力量，你可能開始意識到這些話就是你對宇宙下指令的方式。大部分的我們總是以相信「悲慘永遠不會結束」的信念在過日子，所以我們不斷地抱怨，沒發現每當我們抱怨自己的人生有多悲慘，我們就向宇宙下了一個指令，讓悲慘的事情再度發生。所以對那些在年初就開始抱怨「今年真是我最悲慘的一年」的人來說，猜猜怎麼著？接下來他們很可能要面對十一個月的悲慘生活。所以我建議，學著設定一個日期，讓那一天成為你的悲慘／憂鬱終結日。在這天來臨前，你可以盡情地哭，讓自己低潮到不能再低潮，但是設定一個這一切都會終止的日期，如此一來你就可以對那個日子有所期待。

向宇宙下不同的指令吧。與其過著你認為永遠都不會結束的悲慘生活，不如設定一個終結日期吧！這樣每次你看著月曆時，你就會知道那天即將來臨。訓練自己對未來有所期待，而不要總是回頭看那些已經發生過的壞事。事實是，不論你的處境有多糟，或是你現在的生活有多悲慘，有一天這些事都會成為過去。所以設定一個日期為你自己終結它吧！了解能量的循環之後，我會建議你們衡量自己現在的狀況，然後設定一個日期，那個日期至少距離現在一個月以上的時間，如果你現在的處境非常非常糟，那麼三個月應該會是不錯的目標。所以如果你又發現自己開始抱怨了，將那句話替換爲「那天即將來臨」，試著看看思想的力量是如何影響你的現實生活。

詛咒的效應

你曾經對某人生氣到想要詛咒他／她嗎？（這裡說的詛咒比較像下咒，而不是罵髒話）你有那個痛恨的衝動，希望對方死、滾出你的生活，甚至是詛咒他們下輩子過得生不如死嗎？其實人的思想是很強大的，你希望對方死的那種巨大仇恨，很可能真的帶給那個人一些影響，甚至會為對方帶來一些不幸。不過如果對方很了解自己的能場，而且知道如何平衡自己的能量，那麼這種無由來的詛咒對他們來說，可能就沒有什麼效果（若是有什麼影響，通常是落入因果的報應裡頭）。

在過去的文章裡，我試著教導你們許多可以平衡自己能量的方法。如果你真的有在練習這些方法，你就會對自己的存在與能量有所覺知。當別人投射不好的想法／動機到你的靈魂射線範圍時，你就必然會有所察覺，也可以分辨自己與他人的能量差異。一旦你知道這個差別，你就可以做點什麼來保護自己。但是當你在不知情的情況下，他人對你投射的負面能量就很可能會製造能量的干擾，導致事情沒有像原本進行的那麼順利。而且依你個人看待事情的態度，很可能會讓這個事件產生蝴蝶效應，進而引發更多不幸的事件發生。所以詛咒的關鍵點在於「誰的思想比較強大到可以凌駕其他人的能場，以致於讓詛咒的效應發生」。不管怎麼樣，在這件事情發生的當下，詛咒其實已經啟動了因果開始找方法回到傳送者身上的效應。通常受詛咒人因詛咒而受到的痛苦愈大，詛咒發送者之後要忍受的痛苦也會愈多。

這就是我之前提到的，因果報應都是依照你的動機而定。如果你的動機是去傷人，因果報應自然會找到同樣讓你感到受傷害的方法。當你帶著強烈的恨意詛咒別人下地獄或去死，那樣大量的恨意已經使宇宙失去平衡，不管你的詛咒有沒有對別人產生效果，你都已經向宇宙傳達了你的動機。因此，因果報應自然會用它的方式回到你身上，而延伸出「自食其果」的後果。所以下次當你討厭某個人，討厭到覺得想詛咒他們的時候，請想一想，真的有這個必要嗎？我們真的想要嘗嘗因為自己一時衝動所丟出來的恨意嗎？如果你像我一樣了解宇宙運作的方式，你就會知道自己根本不必去評斷別人的行為，因為因果報應自然有它的辦法回到罪有應得的人身上。

所以下次當你想要詛咒別人時，請三思。這真的是你想做的事嗎？你真的想要啟動那個因果報應，嘗嘗看詛咒他人的後果嗎？如果你的答案是否定的，就把那些殘忍的話吞回去吧，然後相信因果報應會找到辦法回到那個人身上，如果他／她真的罪有應得的話。

28

冤親債主

譯者：Peng Wen Lin

「冤親債主」對西方人來說大概是一個很新，抑或是從來沒有聽過的概念。

但是在亞洲，它卻是一個耳熟能詳的用語。事實上，大部分的人甚至會花不少錢去找靈媒或廟宇來擺脫冤親債主的糾纏。為了避免你接下來不知道我在說些什麼，這裡先給你們一個簡單的概念：「冤親債主」指的是那些你前世曾傷害過的人如今變成鬼的形態，形影不離地跟著你，以確保你這輩子過得跟他曾受到的傷害的那輩子一樣的悲慘。當然，冤親債主也可能是這輩子對你不好的人。亞洲人在心理層面上給予冤親債主可以向自己討債的力量，我想這也是為什麼亞洲人比較能接受生活中的困境，因為他們往往會把忍受生活中的不順遂的行為，解釋成償還上輩子債務的一種方法。

在臺灣，有很多方法可以擺脫冤親債主（由於大多數的人根本看不到冤親債主長什麼樣子，也不知道他們為什麼會跟隨自己，以致於要擺脫冤親債主往往都是仰賴靈媒的幫助）。人們誦經、拜拜、焚燒紙錢，購買任何冤親債主需要的東西，甚至去做慈善，只是為了可以擺脫身上的冤親債主。在我早期的靈媒旅程中，我花了非常多的時間在幫人們處理冤親債主的問題，每天都得要花上好幾個小時的時間，去處理那些我根本不認識的人的冤親債主。也許那跟我從小被教養的環境有關，那個時候的我從來沒有質疑過冤親債主的真實性。一直到我對靈魂有了更廣泛的了解，而且對靈魂的進化有了更清楚的概念之後，「冤親債主」一詞對我來說便開始變得不合理了。

但可別誤會我的意思，我並不是說冤親債主不存在，身為靈媒的我的確看得到他們，有時候甚至可以與他們對話。但因為他們的存在以靈魂進化的角度來看根本不合理，以致於我開始想要對他們有更深入的研究。冤親債主在外表與行為上的確像鬼，更不用說他們身上總是帶著對債主的強烈恨意。一般來說，他們心中往往只有一個動機，就是讓那個欠他們債的債主生活在痛苦之中。他們有可能來自你的上輩子，兩百年前的那輩子，甚至是一千年以前的那輩子。在那個時候的我，了解靈魂們會選擇在同一世出生並出現在相同的生活圈裡，為的是讓他們可以解決彼此的問題，甚至是償還上輩子所積欠的因果債務。但是我的腦子怎麼都無法解釋靈魂為什麼不選擇進化，反倒要以鬼的存在方式來討債？而人們既然看不到他們，也不知道他們的存在與否，又為什麼要浪費能量、時間和金錢去擺脫一個自己都看不到的東西？除此之外，那些花了幾百年，更甚至是幾千年跟著你的鬼難道就不需要進化嗎？為什麼他們要錯過進化的大好機會和時間，就為了那麼一點芝麻小事浪費幾百／千年的時間跟著一個人？

雖然冤親債主對我來說有種種不合理的地方，但我還是不能否認我所看到的鬼魂形體以及他所製造出的干擾能量。為此我要感謝我那永不止息的好奇心，以幫助我最後學會分辨出真正的鬼、被人類思想製造出來的鬼，以及那些只是從人類記憶中投射出來的鬼。而「冤親債主」就是屬於被人類的記憶所投射出來的鬼。記得我曾經說過每個靈魂都有一個資料庫，而裡頭的資料可以追溯到靈魂最開始的時候嗎？當一個事件發生，不管事件本身是大是小，你的靈魂都會把它記錄到自己的資料庫中。這輩子的你可能不記得自己上輩子對別人做過什麼事，但在靈魂的資料庫裡卻全都記得一清二楚。

而冤親債主大多是在你觸及靈魂深處的某個事件時出現。它可能是你已經懷抱了一世紀的罪惡感，或只是現實的某個事件讓你影射出某一世你的受害者可能會有的感覺。不管是什麼，它之所以產生的原因大多是都因為你現今的生活正面臨相似的處境。根據你的資料庫，它會產生一種力量去製造一個相似的循環，好讓你體會對方的感覺。或者同樣的設定可能會再次發生，如果你註定是要從這樣的設定中得到進化與學習的體驗。這樣的力量也會發生在以「人」的形式出現的冤親債主身上。當你的冤親債主以人的形態出現時，那種熟悉的感覺可能會觸發你的資料庫，然後讓你的靈魂回想起自己某一世曾對某人產生的互動，接著讓你不自覺地對那個人產生特定的行為模式。關於這點日後會談到。至於現在，讓我們試著將主題縮小為以鬼魂形體的冤親債主。

如同我剛剛說的，冤親債主看起來像鬼，但他們又不是鬼，因為他們缺乏自我意識。他們只是靈魂資料庫所投射出來的影像，這也是為什麼如果你曾經請別人幫你擺脫冤親債主之後，它們大概六個月後又會再回來的原因。擺脫冤親債主最常見的方式是平復／關閉你的記憶，透過誦經或法會讓你相信冤親債主已經帶著滿意的補償離開。但事實是，一旦你不觀察或解決自己內在的問題，他們總是會再回來，然後再度讓你的生活陷入困境之中。

在追蹤我的部落格一段時間後，我想你們應該都超越那樣的認知了吧。沒有鬼會專門來讓你的生活過得悲慘，從來沒有，未來也不會。靈魂輪迴的目的是為了進化。我在這裡想要給大家一個可能很多人很難接受的概念，特別是那些現在正面對困境的人們，那就是「你就是你的現實實相的導因」。當你花一點時間真正了解這個概念，你就會知道每件事情的發生都有它的原因。而那個原因就是要讓你去學習然後進化。生命之所以艱難是因為在事件當中必然有你需要學習的課程存在。我們可能無法馬上知道自己需要學習的是什麼課程，但是「熟能生巧」，只要我們持續嘗試突破自己的困境，最後一定會找到答案。我們如果可以學會從錯誤中學習，那麼每一次失敗中所學習到的經驗就會成為你靈魂裡永遠的智慧，並且讓你往後的好幾輩子都能受用。

所以如果有人有興趣想要知道如何永久擺脫冤親債主，那我唯一的建議就是「踏實的過你的生活」，好好面對那些你看得到的人們，而不是把時間與精力浪費在那些連自己都看不到的鬼身上。勇於承擔「你就是自己現實實相的導因」的責任，不要將生活的困境怪罪在那些你根本看不到的冤親債主身上。如果生活很艱難，那代表有你需要學習的東西存在。所以花點心思去了解自己究竟要領悟些什麼，然後好好學習與突破，那麼我可以肯定你不用花一毛錢，冤親債主也會很快地消失，而且永遠不會再回來。當然，如果你寧願選擇較簡單的方法用花錢來擺脫他們（有效期間大概只有六個月），那就去吧！因為不管用什麼方法，只要行得通就夠了，對吧？

29

地基主
（Property Guardian）

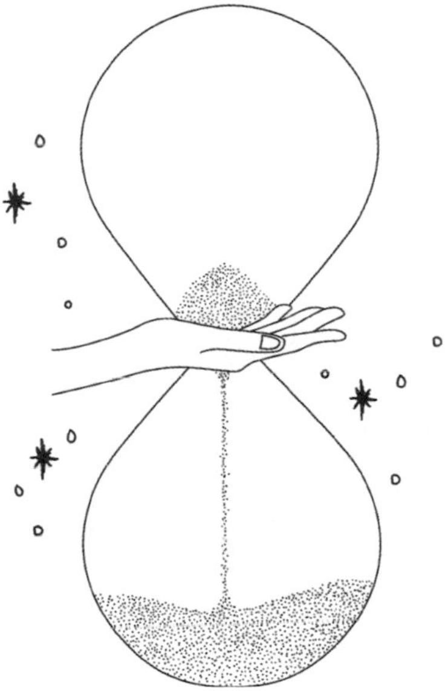

譯者：Peng Wen Lin

許多亞洲人會説自己是佛教徒，但事實上，佛教徒只信仰佛祖。但是大部分的臺灣人不會只拜佛祖，他們也拜很多神明，所以他們應該説自己是道教徒。佛教徒拜佛，修習佛法，而道教徒信仰的神是一些生前做了很多貢獻的偉人，在死後進化成神明。因此，許多道教的神生前都是人。簡單來説，佛教是一神教，而道教是多神教（就像基督徒和天主教的差別一樣）。讓許多亞洲人自稱自己是佛教徒的唯一原因是，我們從小談到信仰時就被教育只用這個詞來形容（而且那可能也是我們認為西方人唯一知道的詞彙）。

雖然大部分的佛教徒和道教徒有相似的信仰，但還是有些微不同。因為佛教徒比較相信自我進化，所以會較常聽到我稱呼自己為佛教徒，而不是道教徒。

你曾想過為什麼亞洲人一天到晚都在拜拜嗎？尤其是年輕一代的亞洲人，你很可能看到父母們早晚都在拜，不管到哪裡或是特別節慶都在拜拜……而每次當你問他們在拜誰時，與其給你一個實際的名字像是神明或是基督，他們總是隨便敷衍你並表現得像是反正你也不會懂的樣子。特別是如果你不是在亞洲的環境下出生，你可能對他們在拜誰或為什麼要拜沒有頭緒，因為他們祭拜的對象在英文詞彙裡根本找不到，就算知道名字，也不會知道膜拜的用意何在。

「地基主」對於西方人或是在亞洲生長的第二代華人來説幾乎是個連聽都沒聽過的名詞，像是我老公第一次聽到就有「那是什麼東西？」的反應。在亞洲，光是「冤親債主」和「地基主」這兩個詞彙就占據了所有宗教的大部分收入，也是在我的靈媒的旅程中最多人問的兩個話題，但在國外卻是大部分的人陌生到不能再陌生的新單字。

「地基主」基本上是一個照顧你房子的靈魂，掌握你住在那個屋子時的所有運勢。所以你們可以想像這個靈魂的重要性，因為他掌握這個家的氣場和能量，也會影響到住在這個家裡所有人的運勢。也因此，人們覺得有必要在日常生活中藉由拜拜去討好這個靈魂。

地基主在古時候比較像土地的守護神，那種已經守護土地不知多久的神。因為以前只有透天厝，一個建築物很可能只有一個守護神。但隨著時代變遷，透天厝變成公寓或高樓大廈，那個神也跟著分成了好幾個單位，慢慢地變成每一戶都有一個地基主的現象。

在拜地基主時有很多規則，第一個而且是最重要的一點是，供品桌不能設得太高。顯然是因為地基主的身高只有一百到一百二十公分高，所以如果桌子擺太高，他除了吃不到供品之外，很可能還會感到被污辱。第二點，他愛吃雞腿，所以你一定要確定供品桌上有雞腿。亞洲人除了一年要拜四次地基主，你每次搬進一個地方和要搬走的時候也需要拜，另外還有創業的時候，或是做任何與這個家有關係的改變時都需要。現在用你們的基礎數學算一算，我們「時時刻刻」都在拜這個靈魂。我們非常害怕讓他生氣，以至於有時這一場還沒拜完就想著下次要拜什麼了，因為人們總是無時不刻地擔心，自己會因為不敬神的行為而導致人生的不順遂。

既然地基主是最低階的神，也就是其實還沒有當神的資格，他當然也有脾氣。而且根據社會如何投射他而定，但照習俗看起來他似乎是個心胸狹窄又愛計較的靈魂？別誤會我的意思，我不是說地基主不存在，他們存在，而且從外表與行為上來判斷都像個靈魂，更不用說他們也有自己的個性。但記得我曾經提過有幾種靈魂是靠人類的意念所投射出來的嗎？「冤親債主」是由靈魂的資料庫投射出來的，而「地基主」則是由人類的能量所養成。通常，誰擁有家裡的主導權，那個人就會決定地基主的個性。如果一個家裡有兩個人都很強勢，那很可能就會有兩個地基主。在亞洲，人們會像真實生活中一樣地稱他們為夫妻，這也是為什麼亞洲人有時會擺兩雙碗筷，要拜地基主和地基婆。所以如果你想知道你要準備多少碗筷來拜，先看看家中主導權的分配。不過家裡要是有兩個衝突的強勢主導者，那麼極有可能為家中製造衝突的能量。所以最理想的情況是當一對夫妻相處融洽，製造出個性協調的一個地基主，而不是有兩個個性極端的地基主彼此衝突。而且無論如何你絕對不會想要讓你的小孩掌控家裡的主導權，來養出一個性格像小孩子一樣的地基主喔。

雖然說西方人對「地基主」這個名詞非常的陌生，但是他們其實也有一個代表的名詞，他們稱之為「家的能量」。有覺知的人雖然不會像亞洲人一樣地膜拜地基主，但也會盡力地維持自家的能量。所以如果你曾想過為什麼西方人就算沒有常常拜地基主也活得好好的，那是因為他們有努力在維持家的能量。他們只是不相信自己的運勢是由另一個靈魂來掌控，更不用說他們根本不相信拜一個靈魂會為他們帶來什麼好處。所以如果你是西方人，抑或是從小在國外生長的亞洲二代，對於父母一天到晚膜拜的行為感到困惑的話，那麼我在這裡就可以給各位一個小提示：如果你發現拜拜的桌子特別低，桌上又有雞腿，那他們很可能在祈求地基主為家中帶來更多財富或是更好的運勢。姑且不討論這號人物究竟存不存在，你們此時也都應該知道我的理論吧？如果你相信這號人物存在，那要多常拜他都隨你高興，不然你會被卡在「萬一」的問句裡，而那個「萬一」的能量，才是會為你帶來厄運的主要來源。所以如果你想知道你家的地基主的個性還有他的長相是什麼樣子，那就去看看家中的主導者是誰吧，這樣你應該可以很輕易地知道供桌上要準備幾碗飯或是要準備什麼的菜色來拜。

有時當你剛搬進一個新房子時，可能會碰到諸事不順的狀況，人們相信那是因為沒有拜地基主的原因。但事實是那很可能是因為你的能量與上一個屋主所殘留下來的能量相衝突。這樣的事情在西方的國家裡也會發生。這並不代表你會永遠被困在這樣的能量中，只不過要取代上一個屋主所遺留下來的能量往往需要花一段時間。而這個平均值一般在六到八個月左右，這完全取決於上一個屋主的個性強勢與否。但如果你能夠穩定自己的能場，而不被那股衝突的能量左右，那麼你的能場應該可以很快地取代前屋主的能場，而慢慢地製造出屬於你的地基主能場。但是如果你選擇活在恐懼中，害怕前一個地基主可能會對你所造成的影響，那麼你就很可能在不自覺中餵養了前屋主的能場，進而讓那個地基主的能量一直延續。

總而言之，希望我有回答到東西兩方的問題。在家中有一種活的能量是由人類的能量所餵養，有時可能會被投射成靈魂的形體。在西方國家，他們稱呼它為「房子的能量」，在亞洲，他們則相信它是一種有個性的靈魂，將它稱為「地基主」。

30

迷失的靈魂
（Lost Soul）

譯者：Peng Wen Lin

我以前常常在十三號星期五跌倒。不知道是被什麼絆倒，但是就算在平坦到不行的平地上走路，我也會跌倒，以致於後來我開始和其他人一樣相信十三號星期五對我來說是個很不幸的日子（即便我不是基督徒）。直到有一天我突然開始思考：「如果我才是讓自己不斷跌倒的原因呢？」

在靈學的旅程中，我發現人們會跟隨他們的動機設定來蒐集證據，這也讓我開始思考：也許正因為我相信在十三號星期五會都會有壞事發生，導致每件在十三號星期五發生的壞事都被我視為證據，來證明我所相信的這個信念。所以，為了證明我的理論是對的，我決定開始把焦點集中在十三號星期五發生的好事，其實也不是非常了不起的好事，而是只要比我預期好的事情都算。例如：溫哥華今天雖然多雲，可是沒有下雨就是件好事。藉由蒐集在十三號星期五發生的好事，我最後終於把「跌倒日」變成我的「幸運日」。雖說如此，這還是花了我整整五年的時間，才讓我脫離在十三號星期五不停跌倒的命運。不過這個例子也可以告訴你們思想能夠多強大。「一旦你改變看事情的方式，那些事情也會跟著改變」（偉恩．戴爾的名言）。

常常有人來問我他們是不是迷失的靈魂。我甚至不知道一開始是誰想出這個名詞的，但我很確定，不管想出這個名詞的人是誰，他／她一定不是個靈媒XD。我不是說迷失的靈魂不存在，應該說這個世界上沒有迷失的靈魂，但有迷失的鬼魂。（對我來說，Soul 是指沒有形體的存在。而 Spirit 則是指有形體的樣子存在的鬼魂。這兩個字在中文都被翻譯成靈魂。在這篇文章裡會以靈魂與鬼魂來區別。）當鬼魂迷失，他們會困在一個沒有邊界的次元裡，在那裡他們聽不到也看不到任何人的存在。只不過這個空間雖然存在，但是鬼魂一般不會在那待上太久的時間。如同我先前提到的，我們的靈魂導師會一直在旁引導我們，但在你能夠得到他們的幫助之前，你必須要先有辦法解決自我的束縛，才能夠聽到他們的指引。說得更清楚一些：有身體的靈魂不會是迷失的。如果你是迷失的鬼魂，那你會以沒有肉身的形態存在，而不會投胎成人。所以如果你是一個活體，那你的靈魂並沒有迷失，而你所感受到的是意識或自我的迷失。

在我更深入說明之前，你們要先了解在靈魂進化的過程中，感受迷失是件非常正常的事。事實上，這是靈魂進化的必經之路。透過這種迷失的感覺，我們才會有動機和動力想要去尋找解決的方法。

現在讓我們來談談你為什麼會感到迷失吧。我花了非常久的時間才了解那種迷失的感覺是來自人類的意識所產生的觀感。人往往會讓自己沈浸在一種強烈的意識觀感裡而不自知。讓我舉幾個詞為例：好身材、好的生活、健康飲食和正面生活……等等，你有注意到每個我提到的字，你都可以在腦子裡規畫出一個影像來認定這些詞應該是什麼樣子嗎？這樣的觀感其實往往會為自己帶來壓力，為了達到那個「好的標準」，我們常常被強迫放棄那些與生俱來的感官，進而去追崇這個社會想要我們達到的標準。也在這個過程裡面我們會不知不覺放棄了與生俱來的的感官能力，導致就算我們在現實生活裡做的每一件事都是「對的」，那種迷失的感覺還是會愈來愈強烈。（你現在應該知道，那個「對的定義」其實是社會環境與邏輯教導你的，而不是來自於你的本能。）

事實上，這個世界上如果沒有壞事的發生，自然就不會有好事的存在。這就像是如果沒有惡魔，那也不會有神存在的必要性。宇宙教導我們凡事都是一體兩面，如果有白天，那麼黑夜鐵定緊跟在後。有好事就會有壞事。也就是說當你把所有精力放在追求正面和好的事物上時，那麼那些存在的負面和壞的事物又要如何處理呢？（而那些事往往是你規畫人生時安排要來克服的功課）

當你讚揚你的快樂時，你在低潮的時候又會如何自處呢？我們生來又不是只有快樂的情緒而已，我們還有全套的憤怒、難過和沮喪的情緒，不是嗎？只有當我們體驗難過的情緒，我們才會知道真正的快樂是什麼樣的感覺；只有當我們接受自己所有的樣貌（而不只是好的那一部分），我們才能夠學會了解真正的幸福是什麼。所以當你讚揚自己的正面態度的時候，也請學著擁抱自己的負面。當你督促自己盡可能保持高興的態度時，也請學著感受失落的過程。不要總是只做社會教你的「對」的事情，而是有空也做些讓你的感覺對的事。就算有那麼一秒鐘的時間你只覺得想哭而且痛恨這個世界，那也就讓它這麼發洩吧，因為那也是你的一部分，只不過以前它們可能根本沒有發洩的機會罷了。接受這一部分的自己，擁抱自己真正的樣子以及讓你與眾不同的地方，然後你很快就能夠學會把自己從這個社會讓你相信的「對的事情」裡抽離，而慢慢地與你與生俱來的感官和直覺產生共頻。也是在當你學會與自己的靈魂共處來活出自己想要的生活時，那種迷失的感覺才會逐漸減少。

我們來到這個世界上其實只有一個目的：那就是了解我們是誰、是什麼，以及我們決定成為什麼樣子的人。我們透過迷失的困惑感來摸索這些問題，進而慢慢地發掘真正的自己。所以對於一直來問自己是不是迷失的靈魂的人，我的答案是「沒有」。這世界上並沒有迷失的靈魂，特別是當你有形體而且有感覺的話，你就不是迷失的靈魂，你所感受到的是自我（意識）迷失的感覺。但這也代表你正走在正軌上。所以請學著接受你的好與壞，開心和失落，你將會逐漸地找回你的感覺，然後漸漸地不再感到那麼迷失了。

31

因為不能預期的原因而死亡的人會發生什麼事？

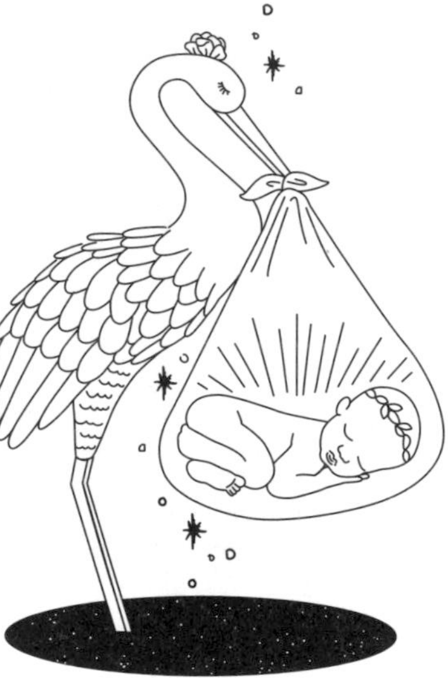

譯者：Peng Wen Lin

在進入這個主題之前，讓我先很快的說明那些自然死亡的人，在死亡之後會發生什麼事。

如果人們已經有預料到自己的死亡，他們通常在七十二小時內甚至是馬上就可以從鬼魂進化成靈魂。但是如果人們沒有預期到自己的死亡，在他們意識到自己已經死了之前，他們的行為表現還是會像生前一樣，直到他們意識到自己死亡後，才會開始進化的過程。但是不管一個人有沒有預期到自己的死亡，他們都會受到靈魂導師、高等靈魂或是某個他們生前熟悉的靈魂指引，給予他們一些慰藉，撫慰他們的傷痛來加速進化的過程。所以如果你生前沒有犯下什麼罪大惡極的過錯，那麼你進化的過程不會超過七十二小時（也包含你經過地獄的時間）。進化時間的快慢要看你多快接受你的死亡，以及多快放棄生前的身分而定。

而對於那些因為車禍、天災等不能預期的事件而死亡的人來說也是一樣。他們在第一天可能還處在驚嚇中，到了第二天就會逐漸接受自己的死亡。在那個時候，他們就能看到靈魂導師的指引，然後進化成靈魂。至於疼痛的部分，因為那些無法預期的原因通常會帶來很大的驚嚇，大部分的靈魂會在驚嚇的當下選擇跳出身體，所以他們的肉體所感受到的實質疼痛往往不會超過幾秒鐘，比較多的狀況是對於這個突發事件所產生的驚嚇、以及來不及與所愛的人道別所導致的心理上的痛苦較多。但無論如何，他們還是很有可能在三天內進化（如果他們沒有任何無法放手的事，或是因為對某個人的情緒而捨不得離開的話）。

在世界各地常常有很多不幸的事發生，我真心希望這些「人禍」有一天能夠終結。以多年前在巴黎所發生的突發大屠殺事件為例，人們不知道的是，當這樣的事件發生時，人們處在事件中產生的情緒會在空氣裡製造一種濃縮的氛圍。如果事件發生在開放空間，那麼那種能量會隨著時間而逐漸消散，但如果這個事件是發生在密閉空間裡，像是一棟建築物內，那種情緒可能會被建築裡的物質所吸收（因為建築物大部分也都是由在P.75〈16.什麼是地球元素？〉提到過的元素所建造），並困在那個空間中。那個被吸收的能量之後就會變成人們舊地重遊時感受到的能量，而根據人們對於那個事件本身的了解，他們會用自己的思想給那股能量力量，之後創造出像靈魂的鬼魂（也就是我之前說過的，他們的行為和反應都像鬼，但卻沒有自己的意識，也不算是一個靈魂）。

我花了好多年的時間鑽研要如何縮短那些靈魂進化的時間，我個人覺得因為他們所經歷的已經夠痛苦了，所以不希望他們在死後還要繼續受苦。當我們所愛的人過世時，我們常常會過度哀悼而找不到解脫的方法，也因為對於往生的人太過想念，以致於放手對我們來說是件十分困難的事。過去我也曾經歷過摯愛的人和寵物過世，當我非常想念他們並希望他們還可以活著待在我身邊的時候，我常常發現他們以鬼魂的形態在我身邊遊蕩，而且也因為我的情緒而使得他們更顯痛苦。我花了好一段時間才知道是什麼讓他們還以鬼魂的形態受苦，而在這個空間中遊蕩。並不是他們不能接受自己的死亡或是不願放手，而是他們認為自己必須對還活著的人的哀傷負責。他們覺得有必要撫慰我們，確認我們沒事了，他們才終於得以進入白光。

如果我可以用感覺來比喻，那麼「哀悼」是一種灰色、比較重的能量，大概介於攝氏十七到十八度之間。那種能量常常會讓人們覺得孤單和難過，而且對靈魂進化一點幫助都沒有。另一方面，祝福是屬於白色且比較輕的能量，溫度大概接近攝氏二十五至二十六度左右。我們都知道當處在一個明亮且舒適的氣溫之下會有什麼樣的感覺吧？那就是祝福能帶給那些靈魂的感覺，這會讓他們徹底平靜下來，運用這樣的能量去克服他們的恐懼和創傷，因為那些創傷在下輩子極有可能會演變成恐懼症、過敏、自閉症（我以後會再詳細說明）。換句話說，我們需要用祝福來幫助靈魂進化，讓他們知道一切都沒事了，他們可以放心離開。透過祝福，這些靈魂就不會再感受到痛苦，可以帶著平靜的心前進。

在龐大事件的災難當中，我們需要許多祝福來幫助所有受傷的靈魂前進，不論我們可以給予多少幫助，也不論大小，特別是在事件發生後的頭三天。有時候人們在事件發生後，不自覺地把祝福轉換成責備，這樣的行為會把祝福那種接近攝氏二十五、二十六度的白色能量轉換成約莫二十度的淺灰色能量，非但對往生的人一點幫助也沒有，往往還會影響到自身以及周圍的能量。

所以如果你還在想那些靈魂導師和高等靈魂會不會幫助那些靈魂？答案是肯定的，他們總是會在那裡，確保每個人都好好的，不管你是什麼宗教、國籍和膚色。而如果你想知道我們人如何幫助那些鬼魂？那就給他們祝福吧，讓他們了解一切都會沒事的，而且他們可以放心地離開，然後不帶著傷痛進入到下輩子。

32

一些與靈魂有關的問題

譯者：Peng Wen Lin

Q1：你曾經說一旦我們的想法成形，整個宇宙都會知道。那當我有了詛咒的想法，有沒有把它說出來有差嗎？因為有時我就是很生氣，氣到腦中可能會出現一下對別人的詛咒。我可以控制自己不要說出來，但是不要想……又是另外一回事了。

A：沒有差別。有沒有把詛咒說出來都一樣，因為不管你說或不說，整個宇宙就是知道了。雖然你偶爾會想詛咒某人，但在想法之後決定的行為才是影響因果報應的關鍵。所以最好的方式不是「不去想它」，而是找到一個方法平衡自己的情緒，讓我們之後不會再想要詛咒別人。以我個人的經驗來說，誠實的面對你的感覺和想法，學著專注在自己的核心價值，並了解每件事發生都有它的原因存在。我們不需要去評斷別人，因為我說過他們就是自己最嚴厲的法官。如果他們的行為讓宇宙失去平衡，那麼因果報應自然會用它的方式回到他們身上。你愈懂得保持自身情緒的平衡，自然就愈不會想去詛咒別人。所以，想要詛咒別人嗎？只要你誠實面對自己有這樣的想法，而不要真的去詛咒對方就沒關係喔XD。

小記：

也許有一些方法可以幫助你不要去想（詛咒別人），試試看吧，找到一個最能幫助你的方法。但要記得，如果那個事件是屬於你生命中的功課，那就代表它非常可能很快又會再發生。我後來學到最有效率的方法是從自己的內在著手，進化到更好的境界，那時的你對於事物會有更廣泛的了解，並相信宇宙自有它運作的方式。到了那個時候，你就會了解詛咒別人其實一點意義也沒有了。

Q2：要怎麼處理別人對我們的詛咒？

A：如同之前的文章提過的：如果你練習感受自身以及在你身旁流動的能量，這樣的練習到最後會為你增加靈魂的肌力，讓你在別人向你的射線範圍內投射壞的想法或動機時會有所警覺。

你可能會遇到那種你明明沒做錯什麼事，別人卻詛咒你的情況。在現代社會，這樣的情況可能被稱作霸凌，有時則是網路霸凌。既然我們害怕啟動因果報應，而不能也不想要詛咒某個特定的人的話，那麼在這樣的情況下，我提供你一個小訣竅。（請注意，如果是你先有不好的動機去傷害別人，然後你收到了詛咒，這個訣竅可能就不適用。因為那會對因果報應產生衝擊。當你知道自己有錯在先而練習這個訣竅時，可能只是在對宇宙要求更大的懲罰喔！）

我要教你們的方法不需要通靈技巧就能執行。這是一個每個人都可以練習的簡單訣竅。首先我會先讓自己平靜下來，然後運用思想的力量，將那些不好的動機以及它所產生的情緒全裝到一顆像包裹一樣的泡泡中，然後把它們全部原封不動地送回去給發送者。我會確保自己的情緒是不被影響並保持中立的，也不會在他們的話語中加入更多仇恨，在這樣的環境底下，這原信歸還寄件者的泡泡就會使發送者成為自己能量的承受者。這表示他們或許不會接收到他們原來對別人說的那些字眼，但是他們卻必須承受他們用那些字眼為別人所帶來的情緒。你愈能集中自己的能量，就能愈快可以在那個人身上看到效果。所以如果你們有人想知道如何處理別人的詛咒，先找一個方法讓自己平靜下來的方法（你可以用我們之前介紹過的任何一種方法），用你的想像力把對方的詛咒打包，然後原封不動地送回去給發送者。藉由這樣的練習，你可以學習如何放下因為詛咒所產生的連環效應，並讓因果報應自行運作。你也很快就會發現你的思想可以產生多強大的力量。這個方法不只適用於那些對你投擲不好的動機和想法的人，也適用在向你傳遞祝福和愛的人們喔！（你可以讓他們感受到他們為別人帶來的那股溫暖。）

Q3：靈媒可以預知未來嗎？

A：如同我先前提到的，一個靈媒的能力會依照他／她的生長背景、宗教信仰、信念和成長的社會環境而定，因為有太多元素可能影響靈媒的能力和頻道，因此靈媒的技巧也很可能會各有不同。

我不能代表所有的靈媒，我只能代表自己回答。是的，我可以預測未來，但是長時間追蹤我的部落格的人都知道，我總是告訴你們未來是浮動的，它全然依照你們在生命裡所做的決定而會出現不同的選項。事實上，如果有任何靈媒說看到你的未來，那也只是由這個在發問問題當下的你，在沒有為人生做任何改變的情況下所創造的未來。也就是說。如果你決定在走出門後，變成一個完全不一樣的人的話，那麼那個未來也相對地會改變。當然，這個前提是在不改變你靈魂鋪陳的課題的情況底下，但人類認知裡的外在條件則會可能因為靈魂的進化與成長而有所改變。

任何靈媒所預測的未來都不會超過百分之三十的準確度。當然，你可能會跟我說你好幾年前遇過的靈媒，有準確地預測出你未來的每一件事。但事實是，要讓靈媒準確地預測出你的未來，需要具備很多元素。首先，你一定沒有在你的生活或個性上做出任何重大的改變。其次，你必須真的非常相信那個靈媒，或者非常不相信他，但卻總是把他的話掛在心上。抑或是表面不相信他，但心裡其實非常希望他們說的事情能夠發生……（而這就落入「你的想法造就你的實相」的範圍裡）。第三，你要不是一直在搜尋那個靈媒真實性的證據，那就是想盡辦法想要證明那個靈媒是錯的。在這樣的情況下，你只是在對抗你的想法，因為我們一再抗拒的事總是會不斷地發生。第四，那個靈媒一定有超強的能力足以蓋過你的能量，並說服你跟隨他所相信的意念。說真的，在預測你的未來時，有那麼多事件同時發生，我不認為我可以把它們一一列出來。但要知道一個靈媒所見的未來通常都是根據你現在的狀態，而且永遠不會超過百分之三十的準確度（包括我也是），超過百分之三十的部分通常是人類的思想所創造出來的。

至於我呢，我的高等靈魂訓練我去了解一個設定——如何為人們創造不一樣的未來。當我給客戶建議時，我可以同時看到他們的未來也相對地改變。也就是說，當我改變我的建議時，我可以看到他們的未來也跟著改變。也是從那時開始，我意識到沒有人的未來是固定的，未來掌握在我們的手中，由我們創造。所以我常常做的事是為客戶尋找最好的其它選擇，然後看看我可不可以引導他們去相信那樣子的未來，並為此做出改變。要不然，我骨子裡其實是相信就算沒有向靈媒求助，人們也已經大約知道自己的未來是什麼、會變成什麼樣子。這也是為什麼我常常認為我的工作不是告訴人們他們早就知道的事，而是為他們找尋一個他們沒有辦法看見，但相對來說會比較好的其它選擇。

33

為什麼我們要體驗情緒？

譯者：Peng Wen Lin

我的高等靈魂在很久以前曾經告訴我，做為靈魂的最高境界是成為一個不受時間與空間限制的「人」。在那時候，我對於這樣的概念感到非常不解，我可能就像大多數的人一樣，覺得當人是一件很困難的任務，因此我會質疑：到底為什麼有靈魂會想要把「人」當成進化的終點？但我的高等靈魂回答我說：

「因為人類是唯一能夠體驗最多感官的存在。你可以感受、感覺而且會有情緒。那是靈魂所沒有的。」

於是我開始去衡量人們身上究竟有多少感覺被自己視為理所當然，在觀察的過程裡，我慢慢認同我的高等靈魂的說法。因為即便是現在再回想起我小時候最喜歡的那隻毛絨絨的貓布偶時，我還是可以感受到當時它在我指尖下的觸感，彷彿那隻貓布偶此刻就在我的手邊一樣。當我想起自己某輩子曾走在一個美麗的田野上時，我還是可以感受到當時空氣裡的清新。我可以擁抱我的孩子們，並感受到存在我們之間那種難以言喻的溫暖。當我去散步時我可以聞到秋天的空氣裡面那股豐收的味道。我每天都可以體驗許多的感覺，但我卻從來沒有留意過它們。或許是因為我的理所當然變成了一種覺知，也或許是因為我的感官變得極度敏感，在那個當下，我開始很感激此時此刻的我身為人類，因為我擁有感受的能力。

人類以及其他動物通常都附有全套的情緒，它幫助我們了解我們喜歡、不喜歡什麼，什麼讓我們快樂或難過。當我們面對憤怒與挫折的情緒時，那往往代表著那件事本身有我們需要學習的課程，或是等著我們去克服的功課存在。

對喜悅與幸福的渴望，激發我們想要讓自己更好，然後我們才會想辦法去延長那樣的感受。我們感受著悲傷，以致於未來的我們才能夠真正地慶祝快樂。慢慢地，我開始發現情緒之所以存在，其實只是為了引導我們，而不是用來決定我們的人生。情緒是用來幫助我們走在正軌上的工具，而不是用來定義我們是誰的標籤。透過情緒我們因而逐漸了解真正的自己，以及協助我們成為想要的樣子。

情緒不能標榜你。對許多被困在悲傷中的人來說，他們常常相信自己這輩子註定就只能在悲傷中度過了。但是情緒本身並沒有任何力量，除非你親自將人生的主導權交付給它。它們應該是用來指引我們的工具，藉此來引導我們更朝自己的目標前進，以達成靈魂這輩子要完成的目的。我們擁有一整套的情緒，是為了讓我們用它們來慶祝人生，而不是被困在其中。如果我們現在正面臨低潮，至少要知道好事也即將到來。因為宇宙就是透過這種方式來維持平衡。所有的情緒都是靈魂的一部分，也是讓我們與眾不同的地方。所以我們應該學會擁抱自己的情緒，不管它是好是壞，開心或難過，而不是讓自己被情緒所定義。

透過體驗情緒，我們得以慢慢地發掘真正的自己。因為人生若是沒有任何需要努力的事，那麼自然不會有任何的情緒。在這樣的情況下，我不會了解成功的滋味，也沒有能力去體驗人生。不管是好是壞，情緒的存在有它的原因。所以如果你現在正在面對悲傷，請不要輕易地就掉入「你從今以後就只能這樣」的故事環節裡。如果那抹從童年就一直攀在你身上的哀傷至今還揮之不去，請記得不要讓情緒喧奪你的人生並定義你。它們對你並沒有任何的力量，因為你「擁有」情緒，而不是情緒「擁有」你。你可以決定自己要有什麼情緒，以及你希望為自己創造什麼樣的人生。記好，情緒只是個工具而不是標籤。從情緒那裡拿回屬於你的主控權，而不要讓你的情緒來控制你的人生。

34

每個宗教裡的真相

譯者：Peng Wen Lin

你曾經研究某件事物一段時間，但只是學到一點皮毛就覺得自己比別人還懂，然後急著想要告訴全世界他們所知道的錯得多麼離譜嗎？其實我曾經就是這樣的人。在我早期的靈媒旅程中，我平均每三個月就會被高靈們丟不同的功課來學習與挑戰。我看過鬼、靈魂、神、惡魔、妖精、精靈、能量以及前世等等……我曾經以為自己全都看過了，所以我內在那個自以為是的傲慢便急著想要告訴這個世界的舊有觀念錯得有多麼離譜，以及證明我知道得比他人還要更勝一籌。我不否認我甚至曾經考慮要創造自己的宗教（或者更該稱為巫教／異教派），想透過藉此來區分自己和其它信仰的不同。

但我的靈魂導師阻止了我（真的很感謝他這麼做）。他和我開始了一段深度的對話，他告訴我創立自己的宗教或自立一派這樣的行為，其實正是讓人們在靈性上停止成長的主要原因。你們應該可以想像當時的我有多麼地困惑。我曾經以為他們之所以接二連三地丟功課給我，就是為了讓我知道宇宙的真理是什麼，以及這樣的真理與其他人的認知有多麼的不同。但在我學習了那麼多的功課之後，靈魂導師卻只是報以我一個微笑（其實那個時候的我真的很討厭他臉上那抹嘴角只上揚五度的微笑。那看起來就像是他用來避免冒犯我卻又同時可以顯示我有多無知的方式。只不過現在的我倒是完全同意他的笑容了XD）。

他告訴我，當人們開始相信自己懂得比別人更多的時候，就會停止繼續尋求真理以及質疑其真實性，他們會開始相信自己所知道的每件事情就是宇宙的真理，反而停止鑽研與學習。於是他們開始創立一個宗教，不斷向大家宣導自己所相信的真理。但是只要是人，就會有不同的觀點和角度來解釋事情，透過解釋再解釋的行為，慢慢地掩蓋了真理的本義。到最後真理以宗教之名被刻劃出不一樣的樣貌，人們就再也沒有去質疑以及研究它的必要。

我其實很討厭我的靈魂導師從來不給我的問題直接的答案，但我也很感謝他這麼做（因為以我叛逆的性格鐵定也會想要證明他是錯的XD）。所以在他解釋了大半天後，我問：「那我要怎麼做？如果我不該分享我所學到的，那我又幹嘛要繼續學下去？」他又笑了：「我不是叫你不要分享。而是你沒有必要在這個宗教種族已經夠繁雜的世界裡再創立另一個宗教。在每個宗教裡面都有一個共通的真理等你去尋找，一個足以將所有事物連結成一體的真理，你懂嗎？」說真的，那個時候的我總是對高靈的話似懂非懂，更別說我高傲的自尊心總是想盡辦法地想要證明他是錯的。但我並沒有這麼做，因為那時的我也的確還沒有給其它宗教任何的機會以確實地了解他的意思。

在這段對話的不久後，我又被送入了另一個考驗當中。在接下來的好幾個星期、好幾個月、甚至是好幾年中，我很幸運地可以接觸到各種的宗教，並有機會認識他們、與他們對話以及做更深入的了解。我接觸過新紀元、藏傳佛教、道教、猶太教、伊斯蘭教、基督教、天主教、聖主七日教、耶和華見證人⋯⋯等等，我甚至還接觸到一些我現在根本想不起名字的宗教。在這個過程當中，我還曾經被信念不同的宗教人士們稱為惡魔、撒旦和迷失的靈魂，一個耶和華見證人甚至聲稱他可以帶我去教會讓我「康復」。如果這些事是發生在年輕氣盛時的我，我很可能早就跟他們吵起來，然後義正嚴辭地指出他們錯得多麼離譜與無知。但既然我的靈魂導師告訴我每個宗教裡有一個共同的真理，我只好總是強迫自己耐著性子去傾聽他們說的話，然後在逆耳的言語文字當中，找尋每個宗教論點裡極有可能被我忽略的真理（不過說真的，我也只能「試著」不要跟人吵架。但我畢竟也是個人，每當遇到自己的價值被貶低的時候，總是會忍不住地想要為自己還嘴。）

你曾經有過這樣的認知嗎？也就是其實自己明明只有知道一點點，但卻老覺得自己比別人懂很多？我曾經是這樣的人，但因為高靈的指導，讓我發現這種自以為是的態度究竟有多麼地傲慢與無知。在還沒有接觸到所有的宗教之前，我以為自己什麼都懂，但在深入接觸到其它的種種宗教之後，我才愕然發現自己所知道的有多麼微不足道。我總覺得自己學得愈多，知道的卻變得愈少。雖然在很多人的眼裡，我好像知道得很多的樣子，但在靈學修行的道路上，隨著我的認知愈廣，我愈是發現自己的所知所學，還不到這宇宙所有的百分之二。也因為這樣，我很感激自己還有很多東西可以學，還有許多進步的空間。

要打開人們的靈性，宗教是其中一種很好的方式。它會讓人們因此而更能夠接受無形的東西，並學習與肉眼看不見的力量和能量連結。宗教讓人們在迷失時不會感到孤單。當自己感覺被這個世界拒絕與孤立時，我們可以透過宗教找到歸屬感。宗教讓人與人之間產生連結，它讓我們意識到在宗教（或靈學）之下，你的社會地位、膚色、國籍和性別等都不重要。你會被保護、被尊重、被照顧，而且在宗教的保護傘下，人們都會被給予平等的機會。也是在那時候，我開始發現宗教其實只有一個簡單的真理。

宗教的真理就是「人性」。它將我們連結在一起而成為一個整體，並透過整體的連結來教導我們接受個體存在的重要性。透過宗教，我們得以從內在尋求平靜，與周遭的人以及整個世界和平共處。我們不需要有凌駕他人的權力，因為我們知道他們和我們沒什麼不同。當我們拿取的同時，也會懂得付出，我們展現對宇宙及自我的尊重，不管你選擇信仰什麼宗教，我們都會成為人性底下的一份子。也在那個時候，我發現宗教是我們與自我靈魂連結的入口，而不是指導我們如何過生活的金科玉律。如同我的靈魂導師常常說的：「只要在心中保有懷疑，你總會找到屬於自己的真理。只要有想要尋找真理的念頭，那麼你就一定會找到屬於你的答案。」

有很多人問我，他們應該選擇信仰什麼宗教？以前的我很可能會表現出一副什麼都知道的樣子，然後建議哪個宗教對他比較好。但如同我前面說過的，我懂什麼呢？以前的我是無知到連自己都覺得有點羞愧。如果現在再問我同樣的問題，我會建議找一個最能與你連結、引起你共鳴、讓你有歸屬感的宗教。畢竟，宗教只是一個讓你開始與自我靈魂連結，並且讓你知道你永遠不會孤單的基石罷了。

35

語言會限制智慧的成長

譯者：Peng Wen Lin

還記得我曾說過我的靈魂導師很愛丟各種概念給我，好讓我絞盡腦汁地去思考嗎？今天要談的就是他在我早期的靈媒旅程中丟給我的概念，光是簡單的一句話就花了我相當長的時間去理解。

在我二十歲出頭時，我就從臺灣搬到加拿大。因為沒有很多機會說中文，所以我的中文能力逐漸退步，更不用說我的英文能力也沒有好到哪裡去。在那個時候我感到非常挫折，因為我想要表達的很多事情都因為字彙有限而無法開口，特別是與靈學有關的這一塊，我根本是個文盲。不要說我所知道的佛教靈學字眼根本少之又少，我接觸到新的宗教時，總是有無數的新單字，會隨著我的好奇心毫無止盡地冒出來。而當我因為有限的詞彙無法表達內心想要描述的感覺而感到沮喪時，我的靈魂導師卻在這個時候告訴我：「語言會限制智慧的成長。」

我當時不懂靈魂導師是什麼意思，所以我質問他：「我不懂。人們不是需要更多的詞彙才能夠表達感覺以及傳述事情嗎？在語言有所限制抑或是言不及義的狀況下，我又如何讓人們知道我真正想要表達的意思呢？」而我的靈魂導師只是很平靜地回答：「在古時候，就想像在山頂洞人的時代好了。人們的語言中沒有太多詞彙，但他們卻更能夠透過自己的感官與這個宇宙做連結，而且對於周遭發生的事更有覺知。因為他們更常使用自己的感官能力去表達和感覺，所以如果他們想要表達他們對某個人的愛，與其用語言來形容他們自己的感覺，他們會直接給對方一個擁抱，希望那樣的溫度和感受可以傳到對方身上，並讓對方知道自己有多愛他／她，你不覺得嗎？」

如同我說過，我的靈魂導師真的很喜歡要我自己動腦。他想要我去研究人類以外的自然萬物是如何與宇宙做連結，也讓我去觀察在沒有語言的限制下，萬物是如何溝通。然而，在研習的過程裡讓我訝異的是，在這浩瀚的宇宙底下，好像真的除了人類以外，所有的自然萬物都有彼此溝通的辦法。當我們人類自以為比其它萬物都還要進化，並知道如何以最好的方法溝通時，我們似乎也在同時與整個自然、世界和宇宙失去了連結。我們自以為善於溝通表達，但卻往往言不及義，也無法把話說進心坎裡。但我們生活在這樣的社會裡太久，以致於我們深信語言是唯一可以用來溝通的方法。我們被我們僅有的語言困住，導致我們開始認為只要語言無法描述的事情就根本不存在。我們甚至沒有考慮這個世界還有很多語言無法形容的事，就決定放棄了自己的感覺和感官。於是語言不再是一個幫助我們溝通的工具，反而成為我們唯一知道要如何溝通的方法。

我們都曾有過那種時刻，對吧？就是當你的感覺強烈到根本沒有任何合適的字眼可以形容的時候。其實你只要花點心思去注意它，你就會發現這樣的時刻出現在我們的生活中遠多過我們的想像，這也開始讓我思考這是否正是宇宙運作的方式。或許我們除了語言以外還有其它的溝通方式，更或許我們的存在其實是遠超過語言所能夠形容的。

也就在那時候，我發現我能用語言來表達多少已經不再重要了，因為我開始相信愛因斯坦曾經說過的「如果你無法解釋一件事給一個六歲小孩理解，那麼你就並不了解那件事。」在我看來，小孩與自然萬物在不知道任何靈學詞彙或是複雜的語言的情況下，也有辦法暢行無阻地與身旁的萬物溝通。所以為什麼人類要被自己所知道的語言給限制住，而不是靠與生俱來的感官去感覺呢？於是我也開始相信重點根本就不在於我們「說」了什麼，而是我們如何感覺以及表達它的方法。

我的靈魂導師說「語言限制了智慧成長」，而為了和萬物溝通，我了解到一個簡單的事實，那就是我根本就不需要許多的詞彙去形容我的感覺（我不能否認用語言描述有時真的很方便而且讓事情容易很多）。重點是，在當我表達一件事情時，我要如何讓人們忽略語言的障礙，而仍然能夠理解我試圖想要表達的重點。這全都決定於你心的感受。因為當你的心有想要說的話時，即便有語言的障礙，宇宙也會知道。

在這裡補充一個笑話給你們：

我有一個朋友心地很好，但就是嘴巴尖銳了點，常常會使用一些讓人如下地獄般痛苦的語言。所以我一直以來對她最大的問題就是，為什麼每次她在跟她老公說話的時候，總是選擇最傷人的話。她為自己的辯解是：她之所以選擇說這些話單純是反映出他對她所造成的傷害。那就好像如果我在說中文的話，我可能有辦法使用最有策略的方式來傷害一個人。

我同意她的說法，所以我建議：那麼妳為什麼不訓練自己在生他氣的時候都說廣東話（這是她的第二語言）？這麼一來，妳就無法像說英文那樣用文字來傷害他。再來，他也能夠看到妳是真的有在努力地讓自己不要那麼傷人。

在我將這段對話放到臉書上後，有追蹤我的讀者便開玩笑說：「所以我們都該去學第二語言？」而我笑著回：「沒錯～」。

當你下次想要開口用言語傷害一個人時，請試著用你的第二語言（如果你有的話），然後你就會發現，你的殺傷力不會那麼大。語言的轉換會讓你稍微平靜一點，也會讓你重新思考一下你的動機。不過如果你真的氣炸了，那就試試看第三語言好了XD。

36

人生的藍圖與平台 (Blueprint and Platform of Life)

譯者：Peng Wen Lin

每次當我談到人生藍圖的時候，人們總是會假設我的意思是指生命中的每一件事都是不可改變的定數。他們擔心自己賺的錢、遇到的人，或是未來要過什麼樣的生活在人生藍圖裡都是註定好的。這也是為什麼我覺得自己或許要澄清一下這個觀念，如此一來，人們就不再需要為他們認為沒有辦法改變的未來感到驚慌失措。

如同我在前文提過的：我們的未來不會是「固定」的。它會根據你現在所做的決定而改變。這也就是說，每一個你在生命中所做的決定，都會為你的未來創造出不一樣的結果。既然如此，我又為什麼要說每個人都有一個人生藍圖呢？其實這就像我曾提到的，我只能用我所知道的字來解釋我所學到的事物。就像每一個藍圖一樣，人生的藍圖也是描繪出為了執行一個功課而必須存在的輪廓。一般的藍圖上會標示該如何執行、時間規畫和更甚至是衡量標準等等的細節。只不過人生藍圖並不會給你一個固定的劇本來教導你應該如何演出你的人生。這個藍圖之所以存在，其實只有一個目的要達成：那就是你要如何藉由克服生命中的功課來達成你的人生目的。當我們愈接近目標的時候，就愈能體會到一種平靜和幸福的感覺。

每個人對事物有不一樣的認知與觀感，一個人所感覺到的幸福對另一個人來說可能是完全不同的定義。我們的靈魂設計這個藍圖，是因為我們知道自己喜歡如何被獎勵，我們有什麼優點以及有什麼需要克服的缺點。也因此，那些有形的物品（例如錢、車、房子、工作甚至是頭銜等等）永遠不會是你藍圖中固定的規畫，這些物質化的東西往往會隨著你靈魂的進化與標準不同而有所改變。人生藍圖比較接近程式用語裡面的「如果……則……」這樣的程式碼。也就是說，如果你決定要做一個行為，就會有對應這個行為的未來發生，而如果你決定做另一個行為，那麼你就會引發另一個未來產生。但無論你的決定是什麼，你的課題本身是不會改變的。但有一件事是確定的，那就是你愈接近你的目標時，你愈能因為做自己而感到高興，也會愈懂得開始熱愛你的生活，不管那樣的生活究竟是什麼。

不幸的是，人們永遠無法從順遂的人生中得到學習，反而是從生命中的痛苦跟挑戰中獲得成長。因為一分耕耘一分收穫，為了執行人生的藍圖，我們在生命中設計了種種的挑戰和困難，為的是讓自己可以練習去克服它們。而這個可以讓我們練習克服困難與挑戰的舞台，也就是我所謂的「平台」。平台就像是一個我們與其他靈魂都達成共識的舞台，也就是說，他們都是為了克服自己的人生課題而達成人生目的的動機，而各自扮演不同的角色。隨著你或是他們的靈魂成長，這些人可能是你生命中的過客，也可能駐足。但是這個平台會讓你在同一個時期內，與不同的人透過不同的互動而產生同樣的功課。靈魂們大多會選擇熟悉的靈魂一起輪迴，最大的原因在於你們在靈魂層面裡很清楚自己與對方的優缺點以及彼此所該扮演的角色。既然每個人都有不同的人生功課和目標，有時候人們很可能為了在你的生命中產生對比差，而扮演一個你完全無法了解的角色。所以簡單來說，平台就像是一個可以讓你在自己的人生中扮演主角進而得到學習領悟的舞台。（對舞台上的其他人來說也是如此的設定）

人生中的挑戰是為了幫助你成長，而不是要把你困住或是用來定義你的。舉個例子來說好了，如果一個人的人生目的是為了學會愛自己，那麼他很可能會設計一個讓自己感到完全沒有價值或是不被人愛的童年，好讓自己在未來的人生裡學著克服這個錯誤的認知，然後進而開始去了解愛自己真正的意義是什麼。（請回顧P.45 11.〈讓我們來談論人生的目的吧〉以及P.50 12.〈什麼是人生功課〉）。同樣的道理也適用在那些「因為不想再受傷而決定不再談感情」的人身上。如果你真的了解我所說的，那你就會知道這樣的句子在靈魂的境界底下是完全不合理的。首先，除非你給別人權力，否則根本沒有人可以傷害你（他們可能可以傷害你的身體，但他們永遠不會有能力傷害你的靈魂，特別是在感情裡頭。）。其次，你之所以受傷，是因為還有你需要學習的功課。唯有當你沒有學到的時候，你才會再度被同樣的方式傷害。

總而言之，人生的藍圖永遠不是關於有形的物質，而是關於你身為靈魂究竟想成為什麼樣的人。它要達成的目標只有一個：就是如何藉由克服你的人生功課來達到你的人生目的。

平台是一個讓你練習克服功課，成為最佳主角的舞台。所以，人生藍圖沒辦法讓靈媒從你的藍圖上看出你以後會住哪種房子或你會跟什麼人結婚，但卻可以透過你的藍圖來告知你的優缺點，以及你現在要克服的功課是什麼。雖然靈媒可以從你的藍圖上攫取到的資訊很有限，但可以向你們保證一件事：如果你有想要發掘真正的自己、以及成為你想要成為的那個人的動機，並為此付諸行動的時候，那麼你就會漸漸地吸引那些你定義為好的事情在你的生命中發生。因為那正是我們的靈魂用來鼓勵自己逐步達到目標的方式。你將會活出一個你真正想要的人生，而且體驗真實的幸福，不管那是什麼。

你選擇你的身體

譯者：Peng Wen Lin

既然我們已經談過人生的藍圖和平台，那麼現在再丟給你們另外一個概念，應該就比較容易理解：你選擇你的身體。

如同我在前面提過的，我們在投胎到這輩子之前，就設計了自己的人生藍圖。藍圖裡呈現了我們這輩子要達成的目標，以及要克服的功課。為了完成這個目標，我們會設計一個平台，讓每個人在同一個舞台上都可以成為那齣戲的主角（在人們的預想中，你可能會被「一部電影裡只有一個主角」這樣的概念説服。但是在靈魂的鋪陳裡面，為了達到每個人特有的人生功課所扮演的角色，每個人都可以是主角）。在電影裡，我們都知道演員為了詮釋自己所扮演的角色，必須要有特定的長相、衣著、行為、思想和説話的方式吧？這個模式與靈魂在人生中扮演的角色沒什麼兩樣。

我們選擇一個完美的設計而且獨一無二的身體，為的是讓我們可以達成那個特定的人生目的，並克服人生中的功課以及吸引到靈魂伴侶。當然這樣的論點會有很多人質疑：不是每個人生來都是健康而且四肢健全的，有些人甚至一出生就有身體上的缺陷。在這裡我舉力克·胡哲（Nick Vujicic）為例（這是他的網站：http://www.lifewithoutlimbs.org/）。他出生時就沒有雙手和雙腳，當他年幼的時候，人們覺得他的人生無望了，他們認為這個只有軀體的人這輩子根本無法成就任何事。但是他現在卻成為最鼓舞人心的演講者，透過他的演講也啟發了數以千計的人的人生。他在投胎前很可能選擇這樣的身體，如此一來便能強迫自己面對最嚴厲的批評，然後以最嚴苛的方式學會喜歡自己真正的樣子。

他的人生目的可能是為了告訴全世界「任何事都有可能發生」，而他此時正在完成那樣的人生目的。他就像世界上的每個正常人一樣過著生活，他享受運動（這也是人們以前覺得他絕對不可能做到的事）、建立了家庭。最重要的是，他的存在啟發了世界上其他的人們。他只是單純地做自己，就啟發了世界上許許多多的人。他不斷地讓人們相信，如果他可以，那我們也可以。

這裡還有另一個活生生的例子：在我跳尊巴舞的課堂上，有一個女孩沒有雙腳，她常要裝上義肢來跳尊巴舞。一開始人們可能不知道要怎麼對待她，但她自在的表現卻啟發了課堂上的每個人。因為如果她可以做到，我們就沒有理由去抱怨我們不行。

你可能會被你的環境、社會甚至是媒體說服你不夠好，於是你開始抱怨自己太高、太矮、太瘦、太胖或太怎樣怎樣的……。但事實上，你的外貌、體型、膚色……所有你身上的東西都是你還沒有投胎前就特別選擇好的，因為要透過這個身體你才能夠完成你的人生目的。如果換成別人來做你的功課，沒有你的身體，他們很可能不知道要怎麼做才能達成人生目的。想像一個高的人試著跟一個矮的人抱怨長太高所造成的不便，那個矮的人可能非但聽不懂你在說什麼，也許還會皺著眉問你「那是什麼意思？」同樣的道理也適用在靈魂的鋪陳上。

以我為例，在臺灣長大的我，總顯得太高又太黑，更不用說我無法擺脱那一雙肌肉發達的小腿。人們因此嘲笑我，我的母親甚至還試過各種方法想漂白我的膚色。這一切讓我在成長過程中一直相信我所擁有的一切都是錯的、不好的，也被周遭的環境説服我必須要用各種方式來隱藏自己的特質。我走路常常駝背，因為我被人家説太高會找不到男朋友。一直到我忍無可忍，決定擁抱我自己真正的樣子，我才彷彿發現了另一個嶄新的世界。我不再讓人們的好惡定義我，如果有人不喜歡我，我將那視為一個「你對我來説不是對的人」的明顯象徵，然後繼續在人生的道路上前進。後來，我遇到了我老公然後搬到加拿大。人們喜歡我的膚色，因為他們認為我一定老是去度假（雖然我並沒有），還有我的身高再也不是個問題了，更不用説我小時候厭惡到不行的那雙健壯的小腿，剛好就是我老公最喜歡的部位。這是一個很好的例子來告訴你們，也許你不知道你為什麼選擇這個身體，但如果你持續活出自我，最後必然會找到它的道理。

總而言之，你特別選擇了你的身體來讓你克服你的功課，並且達成你的人生目的。這個身體並不是隨機選擇，它有經過縝密的思考與設計來運用在你藍圖中的所有安排。把它想像成這是帶領你從A點到達B點的交通工具，你就會學著照顧你的身體，而不會讓任何人告訴你你有多不完美，因為幫你做好功課、過好充實人生的人永遠不會是他們。你為自己的人生設計一個完美的身體，而這個人生將由你自己去創造。所以對待你的身體好一點，給它多一點尊重吧，你會很驚訝它可以如何幫助你在人生旅途中走得更平穩，你也會更愛它。

38

你選擇你的父母

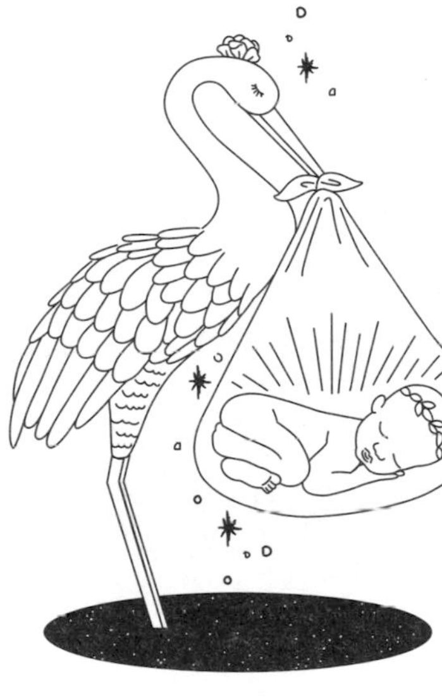

譯者：Peng Wen Lin

在我的靈魂導師丟給我的所有概念中，這大概是我最不能接受也最花時間去消化的一個。當我的靈魂導師第一次告訴我這個概念時，我以為他是惡魔的化身還是什麼的。如同我每一次跟客戶提到這個觀念時，他們總是很快地搖頭說：「不，我沒有。」我第一次從靈魂導師那聽到這個概念時，也是一樣的反應。

如同先前提過的，我們的靈魂在投胎前規畫了一個人生藍圖，而後我們依照藍圖設計了一個平台並與不同的靈魂達成協議，讓我們在彼此的人生中扮演不同的角色。緊接著，我們選擇一個符合自己要扮演的角色的身體，好讓我們往後可以去克服功課並實踐人生目的。既然我們有了劇本（藍圖），舞台（平台）以及角色（身體），我們需要賦予角色人格特質，否則我們不會知道該如何去扮演自己的角色，於是，「你選擇你的父母」來塑造這個角色的人格特質。

懷孕的時候，我們沒有辦法像是去超市一樣，選擇我們想要的小孩。相反地，我們的小孩身為一個靈魂（或鬼魂）則有時間去研究我們的所有檔案，並了解我們可能為他們創造出什麼樣的未來，再決定成為我們的小孩是否符合他們的人生藍圖，創造出人生課題以達到人生目的。並與我們的靈魂導師確保他們符合平台上每一個人的藍圖之後，再來決定是否可以成為我們的小孩。

靈魂會根據兩個目標來選擇父母（或是你的手足和背景），一個是你會用來克服往後人生中會遇到的困難所需要的力量（優點），另一個則是你在未來的日子裡必須要克服的核心功課。不管你選擇什麼樣的父母，他們都有可以提供這兩個目標的基礎，好塑造出你未來所要扮演的角色。一般由家庭所製造出來的功課，往往也是人生中最難的功課。

當我向我的客戶介紹這個概念時，他們常常覺得我一定是來自於一個很好的家庭，才可以說得如此輕鬆。然而事實上，我的家庭背景環境荒唐到在我一開始聽到靈魂導師丟給我這個概念時，我根本完全沒有辦法接受。我不但花了五年的時間去接受這個概念，之後還得花另一個五年去理解它。只不過這個概念雖然令人很難接受，但真正理解後卻又讓人有種海闊天空的感覺。現在之所以介紹給各位，是希望讓你們的靈魂能夠得到自由，而不是為你的父母曾經對你所做過的一切做任何的辯解。

以我自身為例：從我有記憶以來（大概三到五歲），我就沒見過父母。我總是在親戚之間流浪著。或許正因為我長得與周遭環境十分格格不入，以致於我常被拿來說嘴及嘲笑，他們說我的父母鐵定是因為我的長相所以才會選擇拋棄我。再加上我又是個體弱多病的小孩，幾乎大半童年都是一個人在醫院的病床上孤單渡過，喉嚨裡總是殘留著強烈的藥水味。由於長期生病的關係，我在學校裡幾乎沒有朋友，而當我的身體狀況比較好可以去上學時，人們又總是以為我是新來的轉學生，或質問我為什麼可以不用來上課。「孤單」是我那時候的生活方式。由於沒有辦法經常性地上學，以致於我根本無法融入任何團體。

也因為我總是需要特別的照顧和關心，當時照顧我的阿姨和姨丈很常把氣出在我身上，特別是當我的母親忘了寄錢給他們的時候。他們老講我是個賠錢貨，更是他們沉重的負擔。只要家裡有東西不見，就理所當然地指責是我偷的，因為我是最常在家的人。只要阿姨稍微受氣時，就會對我暴力相向。我記憶中最糟的一次，是他們把我打到皮開肉綻而且滿身是血，導致我一整個月都只能站著上課，因為我身體到處都是傷口，根本沒辦法坐下或是碰任何的東西。

當我母親終於接我去跟她同住之後，她必須要非常努力工作來養活我們。因為工作性質的關係，她常常得要喝很多的酒並且工作到很晚，因此我們雖然住在同一個屋簷下，但彼此卻極少有時間可以碰得到面。她常常與錯的人及想占她便宜的人來往。你是否有那種在生命中總是做出錯誤的決定，或是行為反倒讓你覺得更像個小孩的父母呢？在我的記憶裡，我就常覺得我的母親是個需要人替她擔心她所做的每一個決定的人。

至於我的父親呢，他真的是個「奇葩」。對一個老是被稱呼為棄嬰的人來說，難免會在心裡頭幻想自己的父母會是什麼樣的人。當我第一次認識我的父親時，他簡直與我的想像南轅北轍。在很多的人的眼裡，他是個即便上了年紀仍有幾分顏值的人，但他卻是打從骨子裡地歧視女性，完完全全地認定女人的價值就只是為了傳宗接代而已。在我的婚禮上，他大放厥詞地跟我老公說，一旦他（我老公）成為他的女婿，那他就可以擁有任何的情婦。就連我哥哥與妻子結縭二十年以上，膝下有七個漂亮的女兒，我父親還是會以我嫂嫂生不出兒子為由而鼓勵我哥哥另外再去討個情婦。我父親不爽的時候會對他的老婆們暴力相向。他有無數個老婆、情婦和小孩，導致我常常懷疑自己尋找這樣的父親的目的究竟是為了什麼。

然而這對特別的父母的確提供了兩樣在我在靈魂層面裡所要求的東西，也就是可以幫助我完成人生目標的力量，以及我所要克服的功課。長期在暴力下長大的我，經歷了無數的身體和心理的霸凌和一副體弱多病的身軀，我努力地將自己訓練成一個身體和心理都很強壯的人，並且不會輕言放棄。同時，他們也為我創造了「沒有人要我」的功課，特別是我大部分的童年總是寄人籬下，要經常觀看人們的臉色渡日。於是，從小我在面對人群的霸凌，不斷地印證「沒有人要我」的這個功課平台下，我身心靈上的強壯以及不輕言放棄的態度便成了我可以去面對這功課的力量。

所以我想說的是，你選擇你的父母其實只有兩個目的：一個是創造你的力量，來面對生命中的困難，另一個則是創造你的核心功課，來讓你在克服之後可以進化成更好的靈魂。我喜歡今日的自己，因為那是我成為了我所想要成為的那個強壯的人。也正因為有了這個力量，所以讓我有信念能夠克服「沒有人要我」的功課。唯有當我學會欣賞自己的優缺點，我才開始去了解為什麼我的靈魂會選擇這樣的父母來投胎。所以，我向你們提出這個觀念，並不是因為我有段簡單的童年，而是因為了解這個道理的過程會讓你的靈魂得到解脫。

我一直相信每個人都可以是個重要的角色，我們都有一個需要靠自己去發掘的價值，以幫助我們了解自己在宇宙中所要扮演的角色。到最後不管這個角色的大小，每個人都會是同等的重要。所以去了解你選擇你的父母是有原因的。好好地花一些時間去想想那個原因究竟是什麼，自己究竟是想從中得到什麼力量，又想要創造出什麼樣的課題。而不是讓過去的陰影來決定你將來要過什麼樣的人生。當你了解要從父母親那裡得到的力量和缺點之後，你就可以開始主宰並創造出一個你一直想要的人生。

39

靈魂伴侶的迷思

譯者：Peng Wen Lin

人們找我諮詢時，最常問我的三個問題是：金錢、靈魂伴侶與健康。說真的，我個人認為社會真的過度包裝「靈魂伴侶」這個名詞了。大部分的人只要一談到「靈魂伴侶」，總是會不自覺地期待一個完美又可以拯救他們脫離原本的悲慘生活的人。人們普遍認為「靈魂伴侶」會擁有所有他們所夢想的一切（不管是內在、外表還是外在物質條件），而且不管他們說什麼、做什麼都會是對的。人們相信「靈魂伴侶」能夠彌補他們殘缺的生命，會讓他們的人生變得圓滿，更能夠拯救他們遠離不快樂的生活⋯⋯。說實在的，我不知道是不是因為媒體把「靈魂伴侶」過度偶像化，還是我們被年幼時閱讀的童話故事過度洗腦，我發現大多數的女性客戶都相信她們的生活需要靠這位命中註定的「靈魂伴侶」來拯救。

這樣的普遍狀況令我感到好奇，也讓我忍不住好奇地探頭探腦到各個層次的靈魂的世界與次元，更甚至是去查閱人們前世的資料庫以及未來的藍圖，看看所謂的「靈魂伴侶」是不是真的存在。結果，我意外發現他們的存在性，但可能讓人們更加意外的是，「靈魂伴侶」有時候可能不只一個，通常大約是一到三個左右，並隨著你人生的進展，會從最低的潛能到最高的潛能方式依序出現。

如同字面解釋的，「靈魂伴侶」是你靈魂的伴侶，那是你與一個或是幾個靈魂一起達成共識，要以你伴侶的身分來陪你做功課的對象。你們往往可以透過互相幫助來克服彼此的問題，然後進化成更好的靈魂（不管這個互動在你的認知裡是好的或是不好的）。在這樣的基礎下，「靈魂伴侶」通常有一個很明確的特質，那就是「他們會讓你想要（或是強迫地）成為一個更好的人」，不管是靈魂層面、身體或是心理層面。

關注我好一陣子的人一定都知道：靈魂之所以輪迴投胎其實只有一個目的，那就是讓自己進化成為一個更好的靈魂。我們會根據自己的人生目的和功課來設定藍圖，然後規畫我們的平台，而後我們選擇身體、父母並與一個或多個靈魂達成協議，讓我們可以在輪迴的過程中成為幫助彼此克服功課的伴侶。舉例來說，你們可能各有百分之五十的缺點，但是經過彼此一起努力之後，你們可以一同朝著那完美的百分之百前進。所以「靈魂伴侶」可能是讓你「感覺」對的人，但也極有可能是跟你一樣不完美的人。無論如何，他們都不會是集你想像中的所有優點於一身，而且像是童話故事裡的王子／公主一樣完美無缺的人。

當我的客戶花了大部分的時間等待著靈魂伴侶出現來拯救他們長久以來的寂寞，我實在很難戳破他們的泡泡，告訴他們如果他們不為自己的生命做點改變的話，那麼那個靈魂伴侶很可能永遠不會出現。人們只會吸引相似的人，一個沒有自信只會花很多的時間與金錢讓自己的外貌看起來完美的人，很可能也只能吸引到另一個同樣沒有自信卻費盡心力在外表上做功夫的人。同樣的情況也適用在一個誠實的人很可能會吸引到一個正直的人。或是一個很懂得欣賞自然的人，很可能會吸引另一個懂得享受生活的人。所以當你想像那個完美先生／小姐在出現在你眼前時，你是否也曾經想過自己能否配得上他們呢？王子不會因為你需要被拯救就出現，就算是灰姑娘，也知道先要讓自己穿得體面出現在王子的面前，才有被注意到的機會吧？所以不要痴痴地等著靈魂伴侶來拯救你，因為在靈魂的層面下，根本沒有人需要被拯救，而是要學會對自己的人生付出。你所得到的結果往往與你願意付出的努力成正比。所以如果你真的想要讓你的靈魂伴侶找到你，那麼至少得要先將自己提升到與他們同樣的等級，他們才有辦法看到你吧。如果你還在找真命天子的話，那麼就先讓自己成為真命天女吧。

所以如果你還沒遇到你的靈魂伴侶，那很可能是因為你還沒有成為你的靈魂計劃要成為的那個人。因此你看不見他／她，他／她也看不到你。一旦你們達到彼此共同協議的層次時，你的靈魂伴侶自然就會出現在你的生命之中。他們從來不會是完美的（就像你也不會是完美的一樣），因為你們協議好要一起努力讓彼此變得更好，所以彼此總是會有許多進步的空間。但也基於這樣的角色設定，靈魂伴侶的確擁有很明顯的特質，那就是他們會啟發你想要成為更好的靈魂／人，你應該會變得更愛自己並且欣賞自己一路走來的成長。你們可能會像其他人一樣有吵架或是爭執，但你可以發現在事情發生之後，你都會學到點什麼而讓自己下次可以成為更好的人。當一個人不適合做你的靈魂伴侶時（如同前面說的，根據你們的靈魂協議，可能會有一到三個靈魂伴侶），你通常會很明顯的感覺到你和這個人在一起根本沒有辦法再有任何進步的空間了（有時甚至會覺得自己好像在退步）。

我看過很多人明明被困在一段被虐待的感情中，卻還是會試圖說服自己說他們的另一半就是「對的人」。通常那是因為他們缺乏自信，導致他們根本不相信自己配得上更好的人。但是說真的，當你發現你在這段感情裡面已經開始討厭自己的時候，那就已經是一個很明顯的徵兆，代表著他／她其實並不是對的人。這個道理同樣也適用在那些覺得自己已經百般嘗試去提升自我，但他們的另一半還留在原地，或是一點都沒有進步的人身上。這通常很清楚的代表著：

一、你並沒有按照你以為的在進步。

二、他／她根本就不是那個對的人。你可能必須學著對他放手，才有辦法繼續過你的生活。所以做個總結，靈魂伴侶並不是個完美的人，他們很可能有很多會讓你抓狂的缺點，也絕對不會讓你從此以後過著幸福快樂的日子。他們既不會拯救你，也不會讓你的生命因為他們的出現而變得完整。但是他們卻都有個非常明顯的特質——讓你成為更好的人（不管你是為了自己或是為了他／她而成為更好的人）。通常當你有所成長時，他們也會跟著成長（不管是不是因為你的幫助），所以如果你想要確認另一半是不是你的靈魂伴侶，那就先往你的內在探索，把現在的自己跟那個一開始遇見他／她的自己相比是不是成了一個更好的人？如果有，那麼他們就極有可能是你的靈魂伴侶。如果沒有，那你所要做的可能就是學著放手喔。

40

那些你為人生所選擇的事

譯者：Peng Wen Lin

你們或許已驚訝地發現，生命中有很多東西是在你來到這一世前就已經替自己規畫好了。（你大概也已經開始發現，當一個靈魂要投胎之前有多少功課要做了吧？）在之前的文章中，我們談到許多你生命中由你所選擇而來的事物：依據你的人生目的和功課，你與許多靈魂一起設計了藍圖與平台，接著你選擇一個符合自己角色的完美身體；然後再選擇一對能夠為你創造出可以用來充實你的人生目地、以及面對功課的力量和弱點的父母，還有一個（或幾個）可以與你一起克服課題的靈魂伴侶。我們的人生是一場短暫的電影，男女演員只要負責把自己的劇本背起來就好。但人生也是一趟漫長的旅程，我們自然需要許多的「提示卡」來提醒我們如何扮演好自己的角色。

「提示卡」是我們在靈魂投胎前就已經計劃好，準備在往後的日子裡作為提醒自己角色的工具。而這一切可以由我們的名字開始，不過我相信有許多的父母應該都會像我一樣，認為是我們費盡心思好不容易才幫孩子想好名字的。但是我要很遺憾地告訴你們：不，那個名字真的不是你們想的。靈魂有一套操縱能量的方法，可以讓你們與他產生相同的感受。也就是說，當他們真的很想要某個名字的時候，基於他們對你個性的了解，他們可以很清楚地知道要如何操縱你的能量，讓你選擇他們想要的名字。如果不知道怎麼搞的，你所取的名字其實並不是他們想要的，那他們來到這世上後，總有一天會為自己改名。我不大清楚英文名字是否也是如此，不過很多亞洲的人都能夠用名字來預測他們這一生的安排，彷彿那簡單的幾個筆劃就足以訴說這一生的故事大綱。同樣地，那包含了血型、生日、出生地、星座、生肖、掌紋……還有其它你知道的那些「個人資訊」（也就是那些可以幫助你多了解自己一點的訊息），因為實在有太多資訊都擁有相同的功能，所以我就把它們全部概括稱為你的人生「提示卡」。

雖然這個世界上有許多的事情都有辦法提供你一些有關於自己的訊息，但是它們的目的其實都是作為你的提示卡的功用，也就是提醒你的工具。如同你應該已經注意到的，只要是關於我們提示卡的資訊，我們總是會想要先看自己的，然後再去研究或參考別人的資料。以星座為例，當每週星座運勢預測出來時，我們總是先看「自己的」星座，這幾乎是一種自動化的設定，好讓我們的靈魂知道要找什麼樣的提示。就好像一個舞台上同時有很多演員一樣，他們總是會知道哪些提示卡是給誰看的。所以，在看過自己的資訊之後，我們有時可能會看看別人的，只是為了提醒我們一起站在舞台上的對手是誰，以及他們所扮演的對手或是夥伴角色究竟有什麼樣的個性。但是一般來說，你的那些個人資訊其實就只是你的提示卡而已，而不是為了告訴你人生會是什麼樣子，或是你應該要怎麼演下去。提示卡的存在只是為了提醒你是誰，以及你所要扮演什麼樣的角色，在某些時刻，它甚至會提醒你生命裡即將發生的轉捩點，好讓你可以提前做好準備。

有個朋友問我：我們的人生是不是都規畫好了而且是固定不變的？因為她發現有人竟然可以單單根據她的出生日期和星座，就預測出她接下來的人生會發生什麼事。她不知道為什麼別人可以預測她的人生，並且害怕她的人生如果這麼容易被預測，那是不是同時代表著她根本沒有改變自己人生的力量。

這樣的想法其實是不正確的。當靈魂在設計這些提示卡時，也聰明到會到與一些詮釋者達成協議。你可以在世界上有眾多的詮釋者（星座、血型、姓名、紫微斗數……）裡選擇一個最能引起你共鳴的人。我們通常不一定會完全同意詮釋者所說的話，但是在十句裡總會有那麼一二句話可以引起我們的共鳴。或者是有時候我們甚至會完全不同意或同意那個人的說法，那樣的感覺其實就是靈魂導師引導我們只要去接收當下的我們所需要的資訊，並屏除那些我們不需要的資訊的方式。在那個當下，你在潛意識裡很可能已經被訓練成只聽得到、或是只能了解你所需要知道的事情，而剩下來的資訊對你來說便成了有聽沒有懂的狀況。然後等你過一段時間再回頭觀看同樣訊息的時候，你很可能又會有完全不一樣的解讀。同樣的道理，你從靈媒那裡接收到的訊息，或是從不一樣的朋友與家人身上得到的同樣重覆的資訊也是一樣的意思。

總而言之，你生命中的提示卡是那些你與生俱來的資訊，為的是告訴你一些關於你自己甚至是你所規畫的藍圖輪廓。這些提示卡的存在都有相同的特性，那就是當在看其他人的訊息前，你都會想要先了解關於自己的訊息。他們的存在不是為了告訴你要如何過你的生活，而比較像是可以幫助我們走在正軌上的小提示。既然我們的心有時會被某些情況或情緒困住而感到迷惘，那麼這些提示卡則可以幫助我們記得自己所要扮演的角色。你的人生中可能會接觸到很多的詮釋者，但你的靈魂導師通常會協助你去了解那些能夠引起你共鳴的訊息，因為那很可能是那個當下的你僅需要知道的。

所以讓我在這裡回答你們的問題：不，你的星座（以及其它類似的資訊）不能決定你的人生會／應該要怎麼走，它只是扮演提示卡的角色，提醒你是誰，擁有什麼樣的特性以及有可能發生什麼事，特別是當你被某個情況和故事困住而感到非常迷惘的時候。畢竟你在出生之前就選擇了它們作為你的提示卡，他們的存在都是為了讓你持續往人生的方向前進，而不是為了把你困在原地，而且還讓你以為自己無法為未來做任何的努力。

41

真的有聖誕老人嗎？

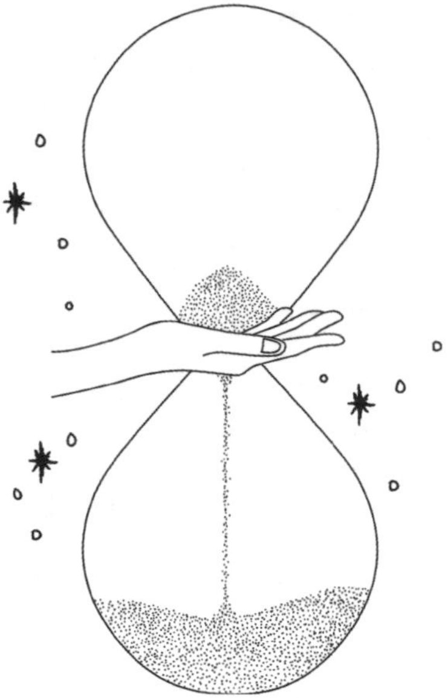

譯者：Peng Wen Lin

「真的有聖誕老人嗎？」

如果你像我一樣有小孩，你的小孩在成長過程中可能也會問你這個問題吧？這個時候你們怎麼回答呢？是不是也像我一樣去仔細地研究聖誕老人這號人物，然後告訴你的孩子們聖誕老人是真的存在，因為你實在不忍心傷害他們滿是期待的心？

在臺灣，過聖誕節就像是在趕流行一樣，我們其實並不清楚聖誕節背後的宗教意義（嗯，至少像我這樣對宗教並不熱衷的人根本不了解）。我們之所以慶祝，是因為它一直以來被塑造出來的歡樂氣息，以及被商業包裝後的美好，讓人覺得這是一個讓人們團聚與歡樂的節日。我是一直到搬到加拿大後才發現人們非常慎重地看待聖誕節，那感覺就像是亞洲的農曆新年一樣，人們會在這一天與家人團聚並互贈禮物。當時的我其實並不相信聖誕老人的存在，至少在我成長的背景裡並不相信他存在。那時的我覺得聖誕老人只不過是一個被捏造出來的角色（像童話故事裡的小精靈和妖精等一樣的存在），為的是讓小孩子們能繼續保持夢想。因為自以為是的我很清楚地知道禮物是從哪裡來的，也覺得所謂的聖誕老人只不過是父母威嚇小孩一整年都要聽話的手段。所以結論就是，以前的我根本完全不相信聖誕老人……直到我有了小孩之後。

我的孩子們小時候就深深地相信有聖誕老人的存在。我想有很多父母像我一樣難以摧毀他們滿心的期待，特別是當他們的相信是如此地簡單純粹。所以這些年來，我一直試著扮演好聖誕老人的角色，直到我的靈媒旅程較後期的時候，我才決定將我的感知能力用來挖掘聖誕老人到底存不存在。令我驚訝的是，我發現聖誕老人真的存在。只不過他並不像人們想像的是以人的形體存在，而且也不只限於聖誕節。他是一股幾乎與因果報應等同的強大力量，我向我的小孩解釋為「給予的力量」。

還記得我之前提過這世界上有一種鬼並不是有意識的靈魂，而是由人類的信念和想法所製造出來的存在嗎？聖誕老人就是屬於這一類型的存在。他是依照人們對他的信念所產生的。當一個人相信聖誕老人的時候，他的潛意識裡會允許自己接受那股神奇的力量可以為他帶來他想要的禮物，而這樣的人往往也極有可能是個願意為他人付出的人。而這股信念會創造出一股約莫攝氏二十八到二十九度左右的濃縮能量。這個能量會讓人們感到溫暖、熱甚至是有點興奮，這也可能是為什麼大部分的人會用紅色來形容聖誕老人的原因。

聖誕老人會讓送禮的人很容易、甚至是奇蹟似地找到那些願意相信的人想要的禮物。而且這個能量不只讓送禮的人真心地想要送禮物給他們，有時還會啟發送禮的人在毫無頭緒的狀態之下也能選購到收禮人想要的禮物。

為了讓你更了解「聖誕老人」如何運作，讓我舉兩個例子來說明。我認識一個覺得自己什麼都知道，而且認為聖誕老人根本不存在的孩子。但她會自導自演聲稱自己還是相信聖誕老人，因為她還是想要從聖誕老人那裡拿到禮物。所以有一年，她媽媽想要我用電腦做一點東西來作為聖誕老人給那個孩子的驚喜。因為操作電腦是我的專長，她的媽媽請我做的事情照理說應該不會花超過我五分鐘，但最後那件事竟然花了我將近兩小時的時間，電腦不斷當機，試到後來連我都必須放棄了。我只好對那孩子的媽媽做個鬼臉笑道：「我想你的小孩一定不相信聖誕老人了。」她媽媽笑說：「她很早以前就不相信了啦！」那個不相信聖誕老人的孩子讓贈禮者很難送禮物給她，因為那種能量會與贈禮者的意念產生衝突，讓送禮的人最後可能只好放棄。

接下來則是另一個相信聖誕老人的例子。大概三年前，一個朋友跟我說，她買不到兒子最想要的熱門電玩當聖誕禮物。那時距離聖誕節只剩下一週，而那款遊戲是在十二月的第一個禮拜就發行了，我的朋友說她去每間店問過，但那款遊戲已經賣完而且整個加拿大也都沒貨了。所以我跟朋友說，在去購物商場的路上我會幫她注意有沒有賣電玩的店。後來我和女兒去了EB Games，當我詢問有沒有那款遊戲時，店員覺得我一定是瘋了才會到現在才想要買。因為那是今年最熱門的遊戲，店員說聖誕節前我不可能在加拿大的任何一個地方買到它。我還是請她去倉庫看看有沒有庫存，雖然她自信滿滿地告訴我真的已經沒貨了，但還是心不甘情不願的去倉庫為我確認。大概十分鐘後，反倒是她帶著不可思議的表情回來，手上拿著那款遊戲說：「我真不敢相信！顯然有人稍早把這遊戲拿來退貨，所以這裡還有一個庫存。」我彷彿早就料到會有這樣的結果，所以轉頭微笑地對我女兒說：「看來他還是相信聖誕老人噢。」那個相信聖誕老人的孩子，讓送禮的人很輕易地就為他找到完美的禮物。

我希望藉由這兩個例子可以給你們一點「聖誕老人」究竟是如何運作的概念。我透過我家小孩認識很多小朋友，有很多的機會測試實驗我的理論後，才能與大家分享這一切。聖誕老人是一種給予的力量，它讓送禮的人可以為收禮的人找到最適合他們的禮物。而不相信聖誕老人的人，則會製造一種與贈禮者衝突的能量，讓想送禮物的人可能基於種種原因沒辦法送出他們最想要的禮物。

所以回答所有孩子的問題：真的有聖誕老人嗎？是的，聖誕老人真的存在，他可能會、也可能不會投射成人的形體。但他的存在有時候會奇蹟似地為那些送禮的人找到很可能連你想都沒想過的完美禮物。聖誕老人是比一般的溫度還溫暖的能量，那也是為什麼在聖誕季節你會從空氣裡感受到一股興奮的感覺。但聖誕老人不只會給你實體的禮物，那些讓你感受到愛和關心的無形禮物，其實才是你生命中真正需要的無價之寶。

至於所有像我一樣的大人，我鼓勵你們去相信聖誕老人吧。因為一旦你開始相信他，你就會開始看到它的能量是如何回饋到你的身上。他的禮物可能不會在聖誕節當天被包裝精美地擺在聖誕樹下，但它卻可能發生在你一年裡最不預期的時刻。它很可能是素未謀面的陌生人的一句讚美，或是一個好心路人給你的及時幫助。重點是，當你開始相信聖誕老人，並打開心門讓那股給予的力量進入你的生命時，你將會看到驚喜以及好事隨機的發生在你的生命中，讓你的每一個日子都可以是聖誕節。

責任感

(Accountability)

譯者：Peng Wen Lin

透過多年來諮詢客戶的經驗，我開始發現一個模式，那就是我們會在無意中將自己的悲傷與愉快的責任推給別人，就好像別人才是造成我們生命中任何事情發生的主要原因。我們相信別人一旦改變他們的行為或是思考模式，我們就會比較快樂。我們也相信他們如果能夠配合我們想要的方式思考、反應的話，我們也就不會生氣。甚至是如果靈魂伴侶出現的話，我們的生命就可以因此圓滿……相信各位都已經知道我接下來要說些什麼了吧？

這些年的諮詢，讓我開始好奇地去研究是什麼因素導致於我們產生這樣的想法，以及這樣的觀念為什麼可以不知不覺地深植在我們的潛意識裡。而令我意外的是，我發現這種「相信我們的人生是透過別人來給予，而不是由我們親手來創造」的觀念其實從很早的時候就開始養成。

如果你有長期追蹤我的部落格，那麼現在的你應該開始了解一個概念：那就是靈魂有自然進化的法則。我們會持續地尋找更好的生活方法，並努力地想要成為更好的存在。我們找尋可以充實生命的目的，並且根據那個目的創造出人生的功課以克服自己的缺點。接著規畫出藍圖的輪廓，創造一個平台，設計一個身體然後選擇你的父母和靈魂伴侶等等。這是一個十分縝密的規畫，每個微不足道的細節都被仔細地思考、衡量與設計。在這一切的鋪陳之下，我們投胎到這個身體其實只有一個動機，就是讓自己進化成更好的靈魂，然後成為一個自己真正想要成為的人。在這樣的動機底下，你應該明白一個基礎：「我們就是顯化自我實相的導因」。因為唯有當你可以為自己的行為負責時，你才能理解如何創造自己的未來。

「責任感」的白話意思就是「我為每件發生在我身上，無論是好或壞的事情負責」。我知道這對很多人來說可能是一個很難消化的概念，特別是對那些正在面臨生命中的困難的人而言。我在文末會解釋為什麼這個概念將會對你的未來產生重大影響。

至於現在，談談我們是如何以及什麼時候養成這個將自己的不幸和快樂都怪諸他人的習慣。如同前面說的，這個習慣很早就被養成了。即使在今天，我還是可以看到一些父母透過「責怪那些導致小孩受傷的東西」來安慰他們受傷的小孩。我也看到有些父母在小孩收到生日禮物時，不斷地稱讚物質的本身，而不是去提醒孩子注意到自己有多麼被人關愛。我們花了那麼多時間在批評這個世界應該改變什麼來配合我們，而不是我們可以如何改變自己來改變這個世界。我們很習慣去批評一切都是政府的錯，給予他們所有的力量來決定我們的生活品質，但卻忘了我們的手裡同時握有許多的力量可以去改變自己的人生。我們說自己不夠好是因為父母很爛，但我們卻忘了父母之所以很爛，是為了讓我們從中學習成為更好的人。我們忘了我們才是自己現實實相的導因。只要我們下定決心，就絕對有能力可以讓任何的未來發生。我們忘記錯誤其實是為了讓自己下次學到更好的方法，而不是因此在生命中垂首頓足。我們將失敗視為世界末日，卻忘了它只不過是進化的開始。

如果你想要與某人經營一段感情，你會與他／她製造一些連結，並為你們之後的友情奠定基礎；如果你犯錯，你會試著讓自己去彌補而不是期望他人可以為你解決。就算你可能會被拒絕，你總是可以再試試看別的方式，不斷地嘗試總會幫助你找到行得通的辦法。事實上，在一百種方法裡面總會有一種方法行得通，你只是還沒找到而已。如果你跌倒，那就去看看是什麼原因讓你跌倒，然後試著下次別再犯同樣的錯誤。在生命中的每件事都是為了讓你學習，不是為了讓你停止成長。

「責任感」是生命旅程的基礎，也是讓自己靈魂進化的重要因素，它的重點是讓自己相信「我就是自己現實實相的導因」。當你學著為發生在自己身上的所有事情負責時，同時也會學到「你是你身上的好事的導因」。到了那個時候，責任感就會變得像根魔術棒，讓你可以為自己製造出任何的未來。因為你知道你有掌控自己人生的力量。所以與其極力地想要保護你的孩子不受到傷害，並指責那些人事物不該讓他們受傷，倒不如換個方式跟他們說受傷是沒有關係的，因為錯誤之所以存在只不過是為了要讓他們成長。讓他們學習到「如何成為更好的自己」的認知，將幫助他們下次面臨困境的時候，知道該以什麼樣的態度去面對，並透過不斷改進而漸漸創造出他們真正想要的未來。所以不要讓孩子們養成將權力交到他人手中，然後讓別人來決定他們的人生的習慣。因為「我們才是自己現實實相的導因」，我們的未來應該掌握在自己手中，而非別人的手裡！所以開始為自己的一切負責，然後創造你一直想要的未來吧！

43

批判裡的自我反省

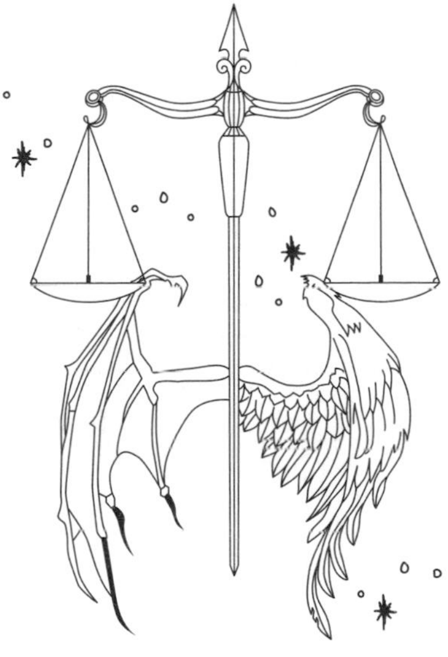

譯者：Peng Wen Lin

今天早上起床時，我心中突然冒出一個有趣的想法，那就是：如果我老公總是吸引情緒很戲劇化的人，那為什麼我總是吸引有金錢問題的人？也不是說他們很窮或怎麼樣，而是他們的生活好像被自己所賺的錢給定義，也就是他們好像把錢視為一種權力，而且要他們放手很困難。

當然，在喝了一杯咖啡試著讓我的思路清楚些，並且坐回來電腦前想藉著用臉書來讓自己清醒一點時，第一個映入我眼前的畫面是徐譽庭在 Tedx Taipei 上的分享：不完美的美。（如果你有興趣的話，這是這篇分享的連結：http://tedxtaipei.com/talks/2013-mag-hsu/）

徐譽庭是臺灣知名的編劇，也許是因為我與她有相似的背景，所以我可以與她分享的內容產生共鳴。作為一個言情小說的作者，我也常常被讀者問到哪個角色與我最相似。如同徐譽庭所說的，我們（作者）常常隱身在每一個我們所創造的角色背後，那些角色可能有很多缺點，但那些缺點通常都反射著我們的內在。因為說到底，我們就是那個創造角色，並賦予故事中的角色個性的人。或許是因為我們的心中常常帶有這樣的自覺，所以也讓我們開始會去注意到許多自己身上的缺點被藏在故事的每個角落。如同我之前說過的，覺知是進化的開端（而我們都知道要承認自己真的有缺點有多難吧？）徐譽庭說因為我們會嚴厲的批評自己特定的缺點，所以當有人也有類似的個性時，我們往往就會馬上發現那樣的缺點並且想要批評它。

那種覺知在我了解靈魂的世界五年後對我產生很大的衝擊。我開始質疑為什麼我那麼討厭情緒戲劇化的人，並且懷疑自己是不是也是這樣的人。也是在那時候，開始有很多人向我坦誠，並告訴我他們覺得我其實是個很戲劇化的人，或是我的生長背景本身就很戲劇化等等……。老實說，短時間要這麼面對這麼多命中要害的批評，真的不是一件容易的事，只不過當我開始接受那也是我身上的一個缺點時，我同時感覺到如釋重負般地鬆一口氣。我想，或許我真的是個戲劇化的人，但是這樣的戲劇化個性讓我喜歡自己什麼，又是為了什麼原因而讓我覺得有必要隱藏它們？當我不斷地質問那個極力想要隱藏的戲劇化自我的同時，我也漸漸地可以開始接受自己真正的樣子。當我開始接受內在的那個戲劇化自我後，我也同時發現其他人的情緒化再也不會困擾我。而這樣的練習同樣適用於在面對負面的情緒。

這些年來，我試著克服許多自己的課題。所以當今天早上的這個想法湧上心頭的時候，便又讓我開始思考：或許不是別人有金錢上的問題，而是我自己有金錢的問題。我老公跟我說他厭倦了從小就活在貧窮裡的生活，那也是為什麼他沒辦法灑脫地看待金錢的原因。與其開始批評他，我靜下心並開始回想自己小時候只要用到我父親的錢的時候，他就會要求我們寫借據，說他這樣日後才可以向我們索取利息。對他來說，那是他向我展現優越感的方式。金錢是他用來掌控我的一種權力。但如同我先前提到的，也許那個想要擁有強壯身心的自我，決定讓自己很成功，好讓我可以擁有凌駕於他的權力。只不過在這個同時，我也清楚地知道，自己如果一直懷有這種報復心態，那我就沒辦法真正富有。老實說，我到目前為止其實還無法告訴你們答案（因為我僅有的是對自己的覺知）。但我知道的是，如果你持續對自己的問題發問，宇宙最終會找到方法來替你解答。

以前我總是告訴我老公，他一直吸引戲劇化的人是因為那是他要學習的功課。但今天我開始懷疑，也許在克服這個功課之後，我們就會擁有解決這個問題的鑰匙？

總之，「批判裡的自我反省」只是希望提供給各位一個不同角度的思考方向：當你有衝動或需要想要批評別人的時候，或許你可以先靜下來反思自己，看看那些批評是否有部分反映著你最討厭的自己。因為如果你真的找到與自己和解的方式，你自然也不會有批評別人的需求了。你只會選擇要將他們繼續留在生命中或是將他們踢出去，但是去批評他們只是浪費你的時間，不是嗎？

44

老靈魂，新靈魂
(Old Soul, New Soul)

譯者：Peng Wen Lin

我真的不知道是誰想出這些詞彙，不管發明這些詞的人是誰，他／她一定不是個靈媒XD。

不知道為什麼，這個禮拜我腦中不斷出現「老靈魂，新靈魂」這兩個詞彙，不論是在網路上甚至是吃午餐時隔壁桌的對話裡，這些詞彙都不斷地出現。這讓我開始感到好奇與懷疑：幾歲的靈魂算老，而幾歲的靈魂算年輕？替一個靈魂貼上老或年輕的標籤目的究竟是為了什麼？

但很快地，我就發現社會已經給予這兩個名詞定義。人們會將那些個性沉穩，看起來很有智慧的人視為「老靈魂」，將那些總是犯錯，看起來浮躁又沒有辦法專注的人稱之為「新靈魂」。但如果你能看到我所看到的世界，你就會發現這些「定義」，在靈魂底下是完全不存在的。

一個人的行為不能詮釋他的成長進度，輪迴的次數也同樣不行。我看過一些新的靈魂想要在行為思想上都表現得很有智慧，但私底下卻不斷地質疑自己所說的話，因為他們從來沒有親身去體驗過那樣的論點。我也見過一些靜不下來又無法專注做一件事的老靈魂，他們不斷地四處遊走，卻充實地享受著生命中的每一刻。所以說真的，所謂的「老」和「新」到底該由誰來定義？我們定義一個人是老靈魂或新靈魂的年齡範圍究竟是什麼？是要比我老？還是比我要用這個形容詞來陳述的那個人老就好？如果你所謂的「老」指的是一些擁有較多「生命經驗」的靈魂，那我可以告訴你，那些靈魂通常對這個世界上不管是好與壞的事情都有著比較寬廣的接受度，因為那些事情很可能在他們某一輩子就已經親身體驗過，也因此他們比較能夠接受那些事情之所以存在的必要性。

對我來說，每個人都是一個老靈魂。如果我真要去挖掘某個人的資料庫，我可以看到他們的資料庫裡記載著他們一開始被創造的時候。也因為如此，所以幾乎沒有人有資格被稱呼為新靈魂。（如果是昨天才被創造的新靈魂，那他根本沒有任何形體可以讓你貼標籤 :P）

每個靈魂都有自己的旅程和學習歷程，一個人所知道的事情也不一定是另一個人擁有的知識。就像一個人擅長數學而另一個人擅長美術一樣。在不同的情況下，這兩個人在他們擅長的領域裡都有可能會被稱為老靈魂。因此，貼上這種標籤真的一點意義也沒有。

我就曾經有一天被叫老靈魂，隔天被稱為新靈魂的經驗。但說真的，我看過一個人對著一個實際靈魂年數比他長一千年的人稱呼為新靈魂，也看過有人稱另一個與他同樣靈魂年齡的人為老靈魂。所以為什麼要使用「老」跟「新」這兩個字來標籤靈魂呢？我知道人們使用這樣的名詞是為了要幫助自己更加了解事物，但是當文字開始變成別人的標籤時，我也就不得不開始感到困惑了。在我來看，由於我們沒有別的方式可以形容那些無法了解的事，所以開始發明這些語彙和名詞來幫助我們了解。但這些語彙和名詞卻慢慢成了我們不需要為事情負責的方式，就像某人因為有過動症或自閉症（我之後會再細談），所以我們便允許自己接受那些根本完全不能接受的行為一樣。

所以我想說的是，語言有時可以幫助我們更容易了解事物，但千萬不要讓它變成標籤來定義我們。不管我們身上擁有什麼，我們都帶著一個特定的目的，那就是去幫助自己克服特定的缺點，然後讓我們成為一個更好的靈魂。所以與其讓那些詞彙標榜我們，然後藉此去逃避責任，倒不如將它視為你的課題並且勇敢克服它。那麼你很快地會發現這個世界上根本沒有任何標籤可以定義你是誰，因為只有你可以決定自己是誰以及你想成為的樣子。

有很多人問我宇宙是怎麼形成的，那是一個我永遠無法回答的問題。因為宇宙成形時我還沒成形，我也還沒遇過有人或形體的資料庫裡裝有宇宙成形的資料。（而且那包含所有所謂的「神明」也都沒有這樣的資料）。我也許可以解釋「靈魂」是如何成形，但永遠沒辦法告訴你們「宇宙」如何成形。如果有一天我真的遇到有人有這樣的資訊，那我一定會分享。但在那個時候來臨之前，這個世界上已經有很多理論告訴你宇宙是如何成形的，你就選一個最能引起你共鳴的吧！

45

如何應對有靈媒體質的小孩

譯者：Peng Wen Lin

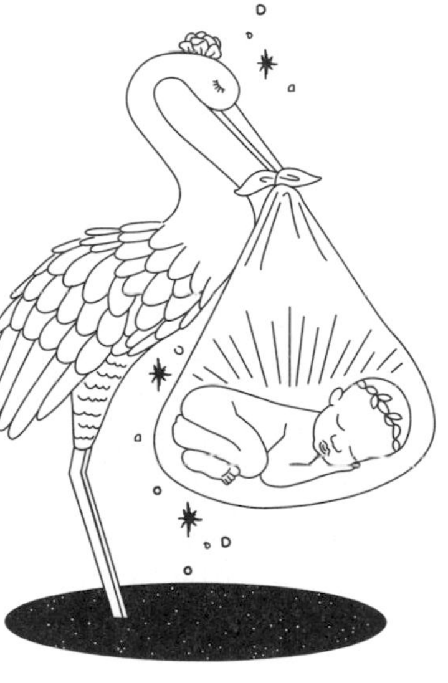

所謂有靈媒體質的小孩，指的就是那些可以看見或感覺你可能沒辦法解釋／看見／感覺的事物的小孩。由於我們正在進入一個覺知的新世代，你會發現有愈來愈多的小孩擁有這種所謂的「第六感」。這也是為什麼你可能注意到資訊愈來愈開放分享，而且可以快速地從A點傳到B點（如同動機和思想可以迅速地傳到宇宙的各個角落一樣）。由於這樣的轉變，年輕的世代需要以覺知做為基礎，這樣他們才有辦法對於自己所接收的訊息做較迅速的回應。也因此，你可能開始注意到無論是小孩或是大人都好像突然開始增加通靈的能力。

在我的年代，人們習慣告訴擁有靈媒體質的小孩他們看到的東西不存在，藉此試圖壓抑小孩的靈媒能力。也許是因為我們的父母缺乏靈魂世界的資訊，又或是他們害怕未知的世界，但我要誠實地告訴你們，這樣的方法絕對不管用。

想像你很清楚的看到一個人在你面前，而你父母卻一直告訴你那個人不存在。身為一個還沒有能力分辨有形與無形事物的小孩，當你的父母一直說你看到的東西並不存在時，那只會製造無止盡的困惑。這很可能造成有靈媒體質的小孩兩種結果：第一，他們變成像我一樣的人。他們會隱藏每件他們看到的事情或假裝沒有看到，特別是他們感覺到所見之物會嚇到周遭的人的時候；第二、他們會開始懷疑生命中自己所做的每件事情和決定。因為他們活在一個否定的世界裡，並且相信不管他們看到什麼、感覺到什麼，都不是真的而且是錯的。

所以，如果你有個靈媒體質的小孩，最好的應對方法是將他們的靈媒事件當作一件平常學校裡會發生的事一樣的態度來處理。藉由問問題和鼓勵他們開口陳述這個事件，你就可以了解這件事對孩子所造成的影響，然後可以與他們一起尋找解決的辦法。但是最重要的是，你要訓練孩子擁有他們身體的自主權，尤其對正在發展靈媒體質的小孩來說，那將會是非常強大的基礎。如果你不確定要說什麼或做什麼，只要想像如果你的孩子在學校被霸凌，你會說什麼或是教育他們如何處理的態度來面對就可以了。如果你一直在追蹤我的部落格，就應該知道這副身體是為了每一個靈魂的人生規畫與目的所量身打造的。讓你的小孩了解他們擁有身體的自主權，而且能夠控制自己的身體，這樣也許可以保護他們免於在未來發展到像是精神分裂症這樣的疾病。

你要如何分辨小孩有沒有在說謊？幸好，眼睛不能說謊。你可以從留意孩子的眼睛去判斷他們是否真的看的到某人／某事，還是他們是在捏造那些事物。當小孩真的看的見某個東西時，他們的眼睛會有個聚焦點，就像是你在看東西時會有個焦點的感覺一樣。而當小孩在捏造或假裝的時候，他們的眼睛會失去那種專注看東西的焦點（即使眼睛定在某一處也會有空洞的感覺）。學著去察覺眼裡的那一抹焦點，你就能發現你的小孩是真的有看見還是在編造故事。

如果你看不見孩子看見的東西，要如何去對應或幫助你的小孩呢？我有好多方法可以讓你試試：

還記得我說過家裡的掌權者能夠掌控這個家的能量嗎？你可以藉由宣示這個家的主權，然後練習你的想像力，你就可以很快地將那些不速之客請出這個家。首先，你要了解自己掌控這個家的能量，然後做幾次深呼吸，將自己從對未知的恐懼和焦慮中鎮定下來。接下來運用你的想像力將你的家做一次雷射掃描，並且過濾出所有不速之客的能量，將它們清出這個家，就像是用吸塵器將家中的髒污都清出去一樣。藉由練習這個方法，你也可以同時向孩子示範下次同樣的事發生時，他／她可以怎麼做。

或者你可以燒一些以木頭為基底的薰香或芳香療法，選擇像是松樹、杉木、檀香、橡樹……等味道，但是不要使用薰衣草或花的薰香。因為我發現當人們在燒薰香或使用芳香療法時，燃燒的過程會重新還原那個薰香原來形體的能量。（這裡同樣指薰香或精油的成分愈純，它的效果則會愈好）藉由重新還原薰香或精油原本的能量，它會將那些不屬於這個房子的那股不歡迎的能量推出去。

或者你可以打開電風扇。說真的，鬼和靈魂都是沒有形體的存在，它們的振動通常很容易被環境裡的地球元素給影響（嗯，除非這些「鬼」是由人的思想投射出來的，那開電風扇應該完全沒用），所以開著電風扇可以讓它們很難維持在定點。

不過最好的方法還是訓練你的孩子宣示他／她身體、空間和心靈的自主權。有必要的話，你可以解釋靈魂如何選擇一個目的、藍圖、身體和父母給孩子聽。讓他們知道沒有鬼可以違反那個規則，而且他們可以完全掌控自己的心靈、身體甚至是空間。了解這個基礎後，可以幫助他們度過未來許多他們的靈媒能力所帶來的困難，甚至是現實生活中的挑戰喔！

靈媒是否可以看到我們「所有的」前世？

在我透露自己的「靈媒」身分以後，許多人都很擔心自己的所有隱私會全數地暴露在我面前，也害怕我會去探索他們的一切，更常問的是，我是不是可以知道他們「所有的前世」。

說真的，這樣的問題常常讓我有想翻白眼的衝動。因為我不是很清楚究竟有誰會一天到晚想要知道別人的事？特別是在身為母親這個角色之後，我深刻地體會到光是打理好小孩與家務就已經夠忙碌了，怎麼還會有多餘的時間去好奇他人的事呢？

所以這一篇文章，我可以很快地回答那些好奇靈媒會不會知道你的「所有前世」，抑或是我乾脆說「所有事」？

答案是不行。

還記得嗎？每一個人的靈魂都有一個非常強大的記憶庫（我稱它為圖書館），這個記憶庫裡面儲存了所有你的靈魂從有意識以來的種種記憶。由於我們每一個人都有許多資料庫，裡頭記錄所有大小細節，也涵蓋了許多的前世。所以身為靈媒的人若是好奇，大多是對自身抑或是自己熟悉的人多加探索，鮮少會對素未謀面的人感興趣。特別是當他們的頻道愈是廣泛，他們大多會選擇讓自己處在關機狀況，而不是隨時開機的狀況。（相信我，一直開著頻道去接收一些沒有必要的訊息其實是一個非常消耗精神能量的事。）

大多數的人知道我是靈媒時，總是害怕我會去探索他們的個人隱私，並對我產生一種恐懼。但我想要澄清的是：這根本是不可能的事。因為大多數的靈媒都只會探索他們有興趣的事情或問題（大多是針對他們自己本身，抑或是他們身旁熟悉的人），而不是把自己的頻道全打開去接收所有人的資料。

一個靈媒其實是不可能知道一個人「所有的」資料庫，他們就連探索自己靈魂資料庫的權限也很有限。為了擔心過多的資訊會導致於靈魂的錯亂（就像是電腦跑了太多的程式會開始出現當機狀況一樣），通常一個靈魂這輩子會帶來輪迴（或是開放權限）的資料庫大多是跟這輩子有關，抑或是需要的資訊，而不是全數地帶來。

讓我們假設投胎到這輩子就像是去參加一場重要的會議好了。當你要參加一個重要會議時，你會為了會議的內容和議題而準備周全的資料參會，而這些周全的資料裡除了你選擇的功課、藍圖、人生目地、提示卡之外，還包含著你所需要或是連結得到的前世記憶。舉凡與你這一輩子的各個層面都絲毫無關的，你則會把那些資料留在家裡或是歸檔處理。同樣的道理，在你參加會議的過程中，不管遇到任何人，能夠從你身上得到的資訊自然也是很有限。

此外，我也曾經提過：一個靈媒的技能與他們的知識、教育以及生長背景有很大的關係。今天如果你面對的是一個擁有強大天主教／基督教背景的靈媒，他們基本上是不相信前世今生的。在這個基礎底下，他們根本不可能會開發可以探索前世今生的技能。

所以對於害怕靈媒們會探索你一切的人啊，你真的可以不必擔心。因為靈媒也是人，光是過日子也是挺累人的，真的不會花那麼多的心思在探索他人的穩私之上，更不用說是前世今生了。

為什麼靈媒有些時候看不到他們自己的未來？

在跟我的高靈相處這麼多年的時間以來，他在讓我看得到我的未來的同時，也讓我深深地學到「靈媒也是個人」這件事。

或許是因為靈媒的生長環境與教育背景從來沒有跳脫社會的框架，這也讓我們的七情六慾與一般人沒什麼兩樣。我們對於人事物都有所偏好，對於喜歡的事會有放不下的情緒，對於不喜歡的事物會有想要排除的異心存在。也因為這樣的人性，我們在看到未來將有不好的事情發生時，會想盡辦法地阻止它的發生，而看到好的事情則會過於期待或是想盡辦法讓它盡快發生。在這樣的期待之下，我們往往會忽略過程所產生的必要性，抑或是人們可以從中學到的領悟以及功課。

我們看到人們未來會出現車禍時，會不斷地警告對方不要開車，更甚至是不要出門。當我看到自己或是家人的未來有什麼不可抗力的災難發生時，更會想盡辦法地阻止那樣的事情發生。若是感覺到夫妻之間會有什麼隔閡產生，就千辛萬苦地預防那樣的事發生。然而，有時候事情發生的主因，更有可能是因為自己的過度預防而導致。

事實是，當一件不好的事情發生是落入一個靈魂的人生功課的鋪陳的話，那麼預防與阻止根本就不會讓那件事不要發生，反而只會延後它發生的時間點而已。人們的能力往往只能延後它的發生，但卻沒有阻止它發生的權力。我同時發現，延後事件的發生點並不會讓自己的功課好做一點，反而容易讓靈魂產生更多的壓力。感覺就像是上學要繳交功課一樣：延遲做一個功課並不會讓未來的你功課好做一些。而是會隨著時間的延後，不同的功課還是會依序進入到你的生命裡頭，以致於人們在功課累積過多的狀況之下，會有種過度飽合的窒息感，以及毫無頭緒的焦慮感一樣。那也像是你欠一個人錢的道理一樣：你明明知道自己一定要償還，但卻又一直避之不見。這樣的結果可能會讓對方更生氣，更甚至是向你索討利息。所以相同的事情在時間延後之後可能對你的衝擊會更大，反倒讓你更加不知所措。因為你花了太多時間在阻止它的發生，忘了事件的產生很可能是幫助你進步的要件之一。

在高靈多年的折磨下，我發現人們有時會因為太過於執著在一個未來還未發生的事情，抑或是一個過去已發生的事情而忘了活在當下。「活在當下」是件很重要的事。這也是為什麼當你回顧我過去的影片或文章時，會注意到我不斷地重覆這件事。因為你在當下所做的每一個決定或是行為都會直接影響到你的未來。我說過，「你才是創造自己未來的主因」。你在當下所做的每一件事才是你未來能夠真正創造出那個實相的主要元素。如果你每一刻都專心過日，那麼你未來的實相一定是由你此刻的每一個當下累積而成的。

回到主題：為什麼靈媒有些時候看不到他們自己的未來？如果一個靈媒本

身就是一個情緒容易受影響，且沒有辦法因為這樣的視野去活在當下，而是想盡辦法去改變看得見的未來時，那麼為了確保他們的靈魂還是能夠依照正常程序發展進化，他們自然會看不到自己的未來（這同樣也適用在他們為什麼看不到自己的過去。特別是當他們執著在過去的記憶而無法活出這輩子的精采時）。

未來事件的發生（不管在人類的觀感裡是好是壞）有時是無法避免且註定要發生的，但那大多是安排了他們人生的功課，以及為了讓他們的靈魂進化的鋪陳。在這樣的前提下，若是一個人本身很容易受到自己所接收到的訊息影響，而產生想要改變它們發生的衝動時，那麼在人生藍圖的設計上，就會讓人們無法去接收那樣的訊息。因為一旦阻止人生功課產生，那麼只會延遲了靈魂本身進化的程度，這很可能就是靈媒看不到自己的（或是他人的）未來的主要原因。

48

了解預言家與他們的預言

不知道有多少人聽過有關世界末日的預言？就我個人的經驗來看，單就關於「世界末日」的預言我就聽過了許多，最大的莫過於一九九九年要進入到二〇〇〇年的時候。或許是因為二十世紀要進入到二十一世紀，而數據時代也才剛開始的緣故，許多人在那之前都產生了恐慌，深信兩千年一到，世界就會發生重大事故，甚至面臨滅亡。我還記得我當時的編輯為此十分焦慮，還因為我總是一笑置之的態度差點跟我翻臉。而另一則比較有名的預言則是記錄在馬雅曆上的世界末日。人們不斷地指出馬雅曆日記載的事件與時間點有多麼地準確，以至於相信它所記錄的「世界末日」絕對會發生！然而，我們同樣活過了那個預測的年代。而今又有關於世界會被恐怖分子占據的世界末日預言……

這讓我開始覺得該是討論有關預言以及預言家的時候了。

在開始之前，我想要先與各位分享有關「觀念」、「看法」這些名詞的重要性。如同我之前提過的，我們的靈魂投胎的目地是為了要進化，所以我們會鋪陳藍圖、安排功課與設計人生目的，選擇身體、長相、父母、兄弟姊妹、伴侶、生長背景、教育環境……，這些種種因素會造就我們的觀念和看法的不同。而這些觀念與看法的產生會幫助我們克服未來的功課以及完成人生目的。也正因如此，每一個人的觀念不同都是量身訂做的。而這些觀念的產生會造就我們對於事情的看法不一樣，也會造就每一個人的差異性。如果你了解這個道理的話，那你就可以了解每一個預言家（在我的定義裡指那些可以看得到未來的人）對同樣的事件都會有不一樣的觀念與看法。

對我來說，每一個人都是預言家，因為我們都有某種可以大約地預測到自己的未來的技能。現今的社會狹隘地定義那些看得到發生在自身以外的事情的人（如這個世界或國家會發生什麼事的人）為預言家。但在我的觀念裡，凡是看得到未來的人都可以稱之為預言家。所以如果你偶爾看到或感覺到自己的未來會是什麼模樣的話，那麼你也可以被稱為預言家。

在了解了「看法」、「觀念」以及「預言家」這三個名詞之後，各位就應該知道一個預言家會依照自己的觀念和看法去詮釋自己所看到的影像（那包括我在內）。觀念是每一個人都有的，但影像本身卻是沒有任何意義的。在宇宙的環境下，事件本身就是單純的事件而沒有任何附加意義。就拿黑色與白色來舉例好了：在靈魂底下，黑色與白色並沒有任何的差別與意義，但在人的觀念中卻會對黑色與白色產生個人的喜好。所以當人們在看到這兩個顏色的同時，就會在當下產生偏見與偏好。同樣的道理，當一個高靈要傳達一個訊息時，他會單純地給你一個事件。事件本身沒有好壞之分，但預言家卻會依照本身的觀念與看法，將事件分化出好壞的差別，以及用來詮釋他們所看到的影像。

不久前我看到一則新聞描述一個預言家的準確度可以高達百分之八十五，

但如果了解靈魂的運作模式就會知道這是不可能的事。事實是，不管任何一個預言家有多麼厲害，其準確度都不可能超過百分之三十。這個原因建立在一個人的人生藍圖規畫的是課題本身而不是物質本身，而為了讓一個靈魂進化則會在它的未來安插許多的選項。透過人們對自我的努力則會引發出不同的未來選項，而這也是之所以每個人的未來都是浮動的主要原因。建立在這樣的基礎，任何一個預言家只能精算出百分之三十的未來。而另外的百分之七十則是決定在個人身上（其中的百分之五十取決於一個人的信念，而另外的百分之五十則取決於他們對未來所採取的行動）。所以無論預言的精準度如何，人們都有改變自己未來的那個能力。也因此，不會有人有辦法預言百分之八十五精準的未來。因為那只會與你的靈魂鋪陳產生衝突，而無法讓你創造出屬於自己的未來。

在這個世界上，好與壞的比例大概是八比二。雖說如此，人們還是很容易將所有的注意力集中在百分之二十不好的比例之上。我們給這百分之二十很大的力量來決定未來該怎麼前進，卻忘了那些不好的僅占少數，而剩下的才是大多數的影響力。如果我們每一個人都願意對這個世界投注一點善意的思緒，那麼透過這個百分之八十所產生的信念絕對可以創造出一個不一樣的未來。

預言家看到的未來可能是好的，也可能是不好的。但若是一個本身就是比較悲觀的人，那麼他們自然就只會看到世界末日。然而一個正向的人所看到的就不會只有看到災難，而是會去注意到災難所延伸出來的正向發展。除了對未來的預測之外，人們也可以拿過去的歷史當做借鏡。就拿德國納粹的集中營來說，殘忍的歷史讓我們更加尊重人性的必要。日本海嘯抑或是九一一的發生，不都讓我們更加地反省自我，並記得去擁抱我們珍愛的人嗎？

所以該如何定義世界末日呢？歷史上發生過很多的大事，在當時的人們眼裡都可以歸納成世界末日。有些時候甚至不用是全世界都知道的事，而單單是一個人被困在自己的憂鬱當中找不到出口也看不到身旁的人救援之時，那種感覺又跟所謂的世界末日有什麼差異呢？「世界末日」的定義基本上是當人們看不到自己的任何未來的時候。但與其將所有的心力花費在一件可能或不可能發生的事情上，為什麼不把時間有效地利用在創造屬於我們自己的未來之上呢？把所有的精力與力量著重在讓自己變得更好、更強壯，那麼等到未來那件事真的發展之時，我們也有足夠的肌肉與力量去面對它，不是嗎？

我很喜歡美國作家偉恩・戴爾曾經說過的一句話：「當你改變自己看待這個世界的方法時，這個你所看待的世界就會因此而改變。」與其一直擔心世界末日的到來，我建議各位拿回大多數的主權，而不是給予那少數的百分之二十來毀掉我們創造自己未來的力量。如果我們相信未來真的會比較好的話，那百分之八十的力量自然會造就出比較好的世界。

我們將要進入到一個覺知的新世代。所謂覺知的新世代指的是人們會開始對自己的言行負責，也會開始對周遭的環境產生覺知。這樣的我們、小孩與新世代絕對不會讓這個世界進入到毀滅的那一天。所以相信我們是創造自己未來實相的主因，以及我們是大多數改變的力量，如果每個人都能投注一點善念，那麼這龐大的力量就會讓世界改變。而那個未來就不會決定在一個預言家的口中。

49

靈媒是否可以與「所有的」靈體溝通？

我從來不認為自己可以替任何的靈媒說話，也沒有那個資格。一直以來我與各位的分享只能代表我個人的言論。它不代表宇宙的真理，只代表著我對於這個世界所做的個人認知。

一直以來，常常有人問我靈媒的定義是什麼？可以看到什麼？可以感覺到什麼？是不是可以跟所有的靈體溝通？

說真的，我不是很清楚在各位的想法裡，「所有的靈體」指的是什麼靈體。但「所有的」一字眼對我來說卻是十分遙不可以及的。即便我已經自認為接觸過很多靈體了，但與整個宇宙相比，還是遠不及它的百分之二來得多。在這樣的情況下，我又如何誇口說自己有辦法與所有的靈體溝通呢？因為我完全無法回答我不知道的事啊。

所以如果了解人類所創造出來的狹隘文字無法涵蓋宇宙之大的存在，那麼自然就知道任何的形容詞對每個人來說都會是一種帶有偏見的看法。也就是說你的「所有的」不一定等於我的「所有的」，而你的認知也不一定等於我的認知。任何的問題只要含有形容詞，那就是一種個人的看法，而不能代表所有人的答案。

但以比較實際面來回答這個問題：靈魂一般只能與頻率較為相近的靈體溝通。像是鬼、精靈、動植物、神或魔等，由於頻率相近的緣故，在相同的頻率振動下可以透過心念或是感覺來溝通。在靈魂的狀況底下雖然不受到時間與空間的限制，但是單就溝通來看卻需要相同的頻率才有辦法互相交流訊息。也就是說，人們會比較容易接觸到與其振動頻率相符的靈體。同樣的道理，當一個人的能量愈廣泛的話，那麼他所能夠接觸到的靈體種類自然也會比較繁多。

此外，除了我們認知存在於地球上的靈體之外，很可能還有很多宇宙以外的靈體會試著與我們溝通。因為我曾經接觸過很高又刺耳的頻率，在接觸的當下耳朵會有種極度的高音，除了刺耳之外更是讓人無法思考。在這樣的情況之下，耳鳴就已經夠難受了，就更別說是接收它所要傳遞的訊息了。

所以這個問題所要回答的，不是靈媒是不是可以跟所有的靈體溝通，而是你所指的「所有的」到底涵蓋了什麼吧？XD

50

靈媒是否可以看見……

在這篇文章裡，我會試圖回答以下的問題：

1. 當你看到靈體的時候，他們長什麼樣子？他們是否有人類的形體，或是他們是以光源的方式呈現？

到目前為止，我所看到的靈體大多是以一個形體的方式呈現。這個形體不往往是人的樣子，它通常決定在那個靈魂最喜歡的那世輪迴來呈現他們的形體。

就拿「鬼」來舉例好了，當一個鬼受困在他們生前的身分而無法擺脫的時候，那麼他們就會以他們生前的模樣呈現。相反的，若是他們沒有被生前的身分困住的話，那麼他們則會選擇在他們的靈魂記憶裡最喜歡的形式呈現。假設有一個雖然投胎百世但卻獨鍾馬雅記憶的靈體，那麼他就極有可能以馬雅人的姿態出現在你的面前。有些時候，靈體會選擇你可以接受或是熟悉的形體出現（例如你的遠親，抑或是你熟悉的宗教人物等等）。要不一般來說，靈魂會選擇他們個人的喜好，抑或是你熟悉的形體出現。當然也有雷同光源般，比較像是能量的靈體存在。在這樣的情況底下，除非是一個感官極度敏感又對自己周遭環境很清楚的人很可能「感受」得到，要不然大部分的人根本不會看到。

2. 你還可以看到其它的什麼東西（像是精靈、妖精等等）？

我個人覺得自己看到的東西還算挺多的。舉凡鬼，精靈，妖精，或神、魔、妖等……除此之外，我也看得到能場、靈光、能量輸送的色彩以及人們產生動機時的能量以及輸送帶……這也是為什麼要觀察人們是否說謊對我來說很簡單的原因。因為可以清楚地看到人們的動機以及能量，所以當他們的言語與行為與那樣的能場產生矛盾時便能分辨出他們是否在說謊。

但我說過，宇宙之大，我相信自己連聽都沒聽過、看都沒看過的東西絕對還有很多。舉凡吸血鬼、僵屍或狼人就全都是我有聽過但卻沒有看過的東西。曾有人說過只有能夠被電影創造出來過就表示他們是真的存在，雖說如此，我很清楚地知道那全是我雖沒有看過但也絕對不會想看到喔。

3. 靈媒是否可以看到靈光？我們是否可以看到自己的靈光？

我無法替所有靈媒說話，只能代替自己的身分發言。

我雖然可以看到靈光，但那並不表示我一出門就看見所有人的靈光。看不見跟看得見的差別對我來說就像是要不要吃飯一樣：我想吃我就會吃，我不餓自然就不會想吃東西。同樣的道理，我想看就看得到，但大部分的時候我並沒有看到的需求，所以自然不會看到。這麼多年的訓練下來，我已經可以精準掌控自己的能力，並控制頻道的開關。

但在我的觀念裡面。我相信每一個人都可以看到自己的靈光，只是透過環境的影響與教育之下，我們漸漸地被說服而慢慢地拋棄這樣的能力。我個人覺得一個人在看得到靈光之前，有些基本技能是需要被訓練的。像是你對顏色的敏感度，以及當你閉上雙眼時是否可以感受到顏色的差別性。其實顏色本身的能場是各有差異的。若是一個人對本身能場很敏感，抑或是對周遭環境有所覺知的話，那麼他們就極有可能看到靈光。人們可以透過很多的方法來開發自己的靈視力，除了透過雙眼去看見之外，還可以透過心、感覺、感官抑或是第六感去感受。在靈魂底下那同樣是種「視覺」。所以如果一個人的視野不會被眼睛所侷限住，那麼他就比較有可能透過其它的方式去「看到」。也正因如此，想像力豐富、擁有藝術潛能的人通常在這一方面就會發展得比別人還要來得快些。

4. 靈媒是否可以看到一個靈魂離開身體的時刻？

我對這個問題的答案是：「我不知道。」

因為我說過人們沒有辦法回答自己不知道也沒有接觸過的事。由於我從來沒有與任何瀕死之人相處，並眼睜睜看著他們離開人世的經驗，所以我自然沒有辦法回答這樣的問題。但我相信如果有靈媒有這樣的經驗，他們說不定就有辦法回答這樣的問題喔！

5. 你是否可以看到我們總共輪迴多少次？是不是輪迴次數較多的就是指我們是比較「老的」靈魂？

我個人覺得要看到一個人總共輪迴多少次就像是執行不可能的任務一樣的困難。因為我曾說過每個靈魂都有內建自動存檔的資料庫，裡頭記載了所有你從有意識以來的大小事。如果我可以用一個簡單的例子來形容的話：那就像是你走進了當地一家最大的圖書館。幾層樓的書目可能讓你看得眼花撩亂，不知道從何開始看起，更不可能在一進門看到整個圖書館的藏書就能夠精準地說出它的藏書量一樣。

就個人的經驗來看，如果我單單好奇一個人的輪迴次數，那麼當我一有這個問題產生的時候，眼前就會有數字開始閃爍，最後會產生一個定數。但即便如此我也不能保證這個答案的絕對性。因為就像是你去詢問圖書館員館裡總共有多少藏書時，他很可能不能告訴你一個精準的數字，但卻可以告訴你一個大概。但即便是得到了一個數字，也無法清楚地看到每一段前世與輪迴。

至於是不是輪迴次數較多，就是比較「老的」靈魂？我想這樣的問題在六年前的我會回答「是」，但是現在的我卻再也不是那麼肯定了。這很可能是在我意識到人們對於「老靈魂」的定義：人們普遍認為「老靈魂」就是比較有智慧的靈魂，但是我覺得那必須建立在一個靈魂在每次投胎的時候都有辦法讓自己得到進化的前提之下。

說真的，我們應該都清楚地知道我們在面對課題時，選擇鼓起勇氣去面對永遠會勝過擺爛的態度吧？更不用說是那些因為外力或自殺因素而提早離開，抑或是習慣性地把自己的問題丟給別人的人。因為那表示他們同樣的功課很可能得透過數次的輪迴才有辦法真正地學習到。所以一個靈魂在沒有進化的情況底下，並沒有辦法成為人們認知裡所謂較有智慧的「老靈魂」。

所以如果你口中的「老靈魂」指的是身經百戰，比較有智慧的靈魂，那麼答案絕對不是肯定的。但若單就靈魂的年紀來看，就會依照你的個人標準而有所不同了。

我發現一般人對於「靈媒」真的有很多的迷失。但這些迷失之所以產生，大多建立在人們對未知所產生的恐懼。也正因為不知道，所以就更容易給予想像的空間而創造出無數的假設。但真正要克服未知的恐懼最好的方法不是去逃避它，抑或是透過想像力去假設它，而是實際地去了解它。我希望透過自己的分享可以讓大家清楚地認知到，每個人都是／可以是靈媒，只不過是在環境的影響之下，抑或是社會無法教育的情況底下，我們才漸漸地遺忘了這與生俱來的本能。

你，是自己的鑰匙

靈媒媽媽的心靈解答書

作　者——Ruowen Huang
美術設計——張巖
插畫——見見
主編——楊淑媚
校對——楊淑媚
行銷企劃——林舜婷

第五編輯部總監——梁芳春
董事長——趙政岷
出版者——時報文化出版企業股份有限公司
一〇八〇一九台北市和平西路三段二四〇號七樓
發行專線——（〇二）二三〇六六八四二
讀者服務專線——〇八〇〇二三一七〇五、（〇二）二三〇四七一〇三
讀者服務傳真——（〇二）二三〇四六八五八
郵撥——一九三四四七二四時報文化出版公司
信箱——一〇八九九臺北華江橋郵局第九九信箱
時報悅讀網——http://www.readingtimes.com.tw
電子郵件信箱——yoho@readingtimes.com.tw
法律顧問——理律法律事務所　陳長文律師、李念祖律師
印刷——勁達印刷有限公司
初版一刷——二〇一九年十月二十五日
初版十六刷——二〇二四年五月三十一日
定價——新台幣三五〇元
版權所有　翻印必究
缺頁或破損的書，請寄回更換

時報文化出版公司成立於一九七五年，並於一九九九年股票上櫃公開發行，
於二〇〇八年脫離中時集團非屬旺中，以「尊重智慧與創意的文化事業」為信念。

你，是自己的鑰匙：靈媒媽媽的心靈解答書 / Ruowen Huang 作.
-- 初版. -- 臺北市：時報文化, 2019.10　面；　公分
ISBN 978-957-13-7996-8(平裝)
1. 通靈術 2. 靈修 3. 問題集

296.1022　　108017205